Conception et réalisation : OKIDOKID.
Création graphique et mise en page : Mily Cabrol.

© 2023 Assimil
13, rue Gay-Lussac, 94430 Chennevières-sur-Marne
Numéro d'édition : 4290
ISBN : 978-2-7005-0942-7
Loi du 16 juillet 1949 sur les publications destinées à la jeunesse
Imprimé en Pologne par Drukarnia Dimograf
Dépôt légal : octobre 2023

JENNY V. COVILLE

ÉLICE

BIENVENUE EN AUSTRALIE !
WELCOME TO AUSTRALIA!
MON ROAD-TRIP AU PAYS DES KANGOUROUS

SOMMAIRE

1. **Sydney / NSW**
   - Bienvenue en Australie ! — 8
   - Les emblèmes de Sydney — 10
   - La visite continue — 12
   - → *Un pays construit sur l'immigration* — 14
   - Manly, perle du nord — 16
   - Découverte de l'école — 18
   - → *La scolarité en Australie* — 20
   - Bondi, un coin de paradis — 22
   - Un dimanche à Sydney — 24
   - → *La culture du surf en Australie* — 26
2. **Les Blue Mountains / NSW**
   - Les Montagnes bleues — 28
3. **Jervis Bay / NSW**
   - Une nuit en van — 30
   - → *Le permis vacances-travail (PVT)* — 32
4. **Canberra / ACT**
   - Visite de la capitale — 34
5. **Melbourne / VIC**
   - Une ville plus européenne — 36
   - → *Un pays, des États et des territoires* — 38
   - Les plages de Melbourne — 40
6. **La Tasmanie / TAS**
   - L'île dans l'île — 42
7. **La Great Ocean Road et après**
   - Vers Adélaïde — 44
   - → *La faune australienne* — 46
8. **Adélaïde / SA**
   - Une petite ville pour les grands — 48
9. **Coober Pedy / SA**
   - La ville minière — 50
10. **Le Centre Rouge / NT**
    - Uluru — 52
    - Kata Tjuta — 54
    - → *Les Aborigènes* — 56
11. **Darwin / NT**
    - L'Australie équatoriale — 58
12. **Cairns / QLD**
    - La Grande Barrière de corail — 60
    - Au cœur de la forêt tropicale — 62
    - → *La cuisine australienne* — 64
13. **Noosa / QLD**
    - Une station balnéaire chic — 66
14. **Brisbane / QLD**
    - La capitale du Queensland — 68
15. **Gold Coast / QLD**
    - La ville des parcs — 70
16. **Byron Bay / NSW**
    - De hippie à branché — 72
    - → *L'anglais d'Australie* — 74
17. **Rottnest Island / WA**
    - Escale sur la côte ouest — 76

AUSTRALIE

MES VISITES :

1 Sydney — p. 8	10 Centre Rouge — p. 52	
2 Blue Mountains — p. 28	11 Darwin — p. 58	
3 Jervis Bay — p. 30	12 Cairns — p. 60	
4 Canberra — p. 34	13 Noosa — p. 66	
5 Melbourne — p. 36	14 Brisbane — p. 68	
6 Tasmanie — p. 42	15 Gold Coast — p. 70	
7 Great Ocean Road — p. 44	16 Byron Bay — p. 72	
8 Adélaïde — p. 48	17 Rottnest Island — p. 76	
9 Coober Pedy — p. 5		

VILLE DE SYDNEY

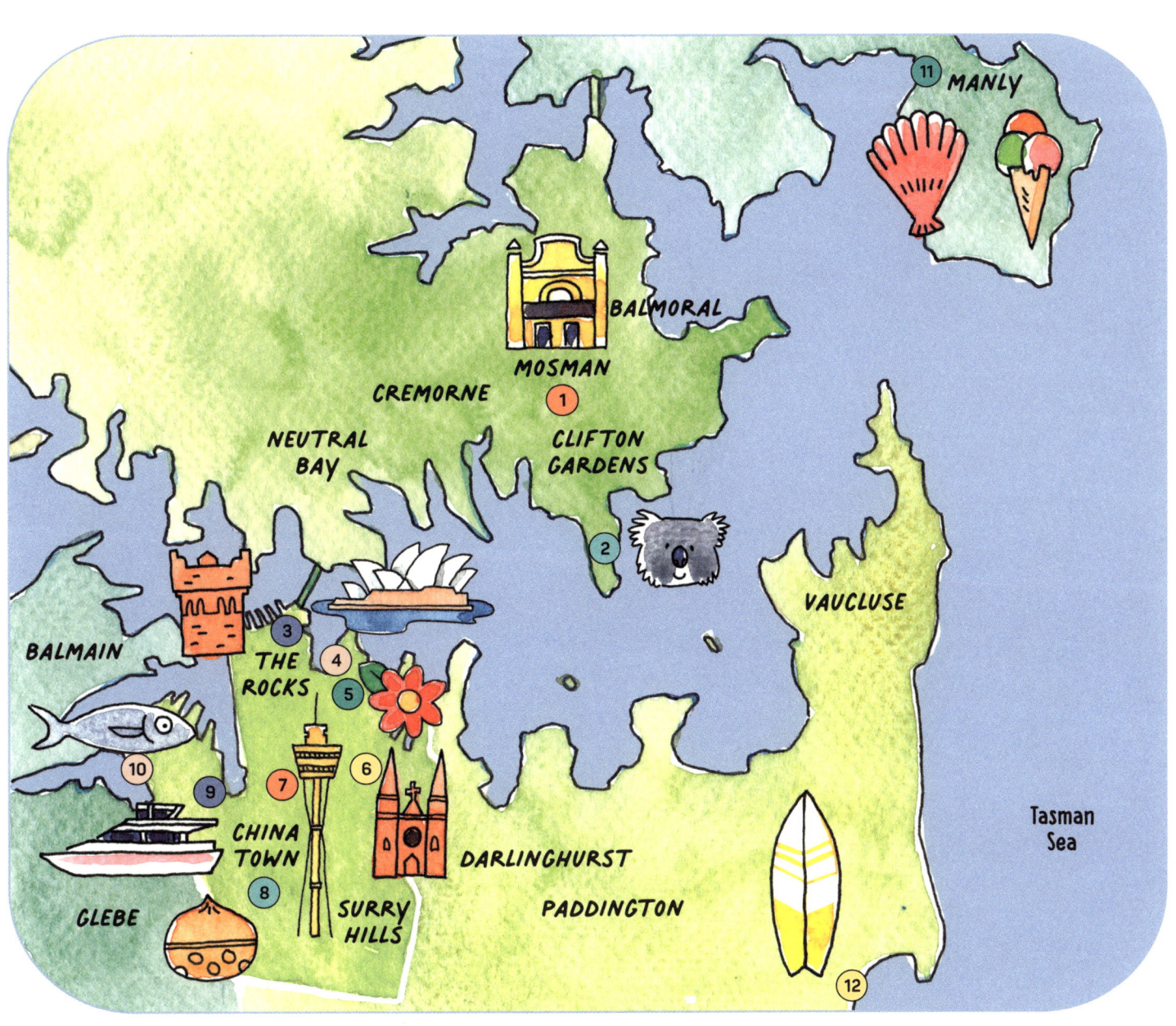

MES VISITES :

- **1** Mosman — p. 8
- **2** Taronga zoo — p. 9
- **3** The Rocks — p. 10
- **4** Sydney Harbour Bridge, Opera, Circular Quay — p. 10, 11
- **5** Royal Botanic Gardens — p. 11
- **6** St Mary's Cathedral / Hyde park — p. 12
- **7** Sydney Tower Eye — p. 12
- **8** Chinatown — p. 13
- **9** Darling Harbour — p. 13
- **10** Fish market — p. 13
- **11** Manly — p. 16
- **12** Bondi — p. 22

1 BIENVENUE EN AUSTRALIE !

DES GRANDES VACANCES PAS COMME LES AUTRES !

Moi, c'est Théo, j'ai 12 ans, et je viens d'arriver en **AUSTRALIE** avec mes parents. On profite des vacances d'été pour faire un grand voyage à l'autre bout de la planète. Après deux très longs vols, nous avons atterri à Sydney. C'est à presque 17 000 kilomètres de Paris, et nous avons 8 heures de décalage avec la France ! Nous allons rester quelques jours chez ma cousine Lucie. Elle habite à **MOSMAN**, un quartier au nord de Sydney où elle vit depuis quelques années avec ses parents. Nous en profiterons pour visiter la ville, qui semble regorger de choses à voir. Après, nous partirons à la découverte de l'île. Ce pays paraît tellement grand, j'ai hâte de le parcourir !

NOUS VOICI À SYDNEY !

Pour nous rendre chez Lucie, nous avons encore du chemin à faire depuis l'aéroport. Papa, Maman et moi achetons chacun une carte Opal. Elle nous servira dans tous les transports en commun de **SYDNEY** : il faut la valider à chaque entrée et sortie. On peut la recharger sur Internet ou à la caisse de certains magasins. Nous prenons un train qui va directement de l'aéroport au centre-ville. Le trajet est très rapide, une vingtaine de minutes. Nous descendons à la station **WYNYARD**, où se croisent de nombreuses autres lignes de train. Nous sortons de la station et allons prendre un bus. Plusieurs lignes vont dans la direction de chez Lucie, mais nous choisissons le plus rigolo de tous les bus, le **B1**. Il est tout jaune et très haut, sur deux niveaux. Il va plus vite que les autres car il ne s'arrête qu'à très peu de stations. Nous nous installons à l'étage supérieur pour profiter de la vue. Nous apercevons notamment la baie lorsque nous traversons le **PONT DE SYDNEY**.

WELCOME TO AUSTRALIA!

SYDNEY
DAY 1 | JOUR 1

DÉCOUVERTE DE MOSMAN

Lucie et ses parents nous attendent à l'arrêt du B1 de Mosman, au croisement de **MILITARY ROAD** et **SPIT ROAD**. Nous sommes tous très heureux de nous revoir ! L'Australie est si lointaine qu'il n'est pas facile de se rendre visite souvent. Ils n'habitent pas très loin de là, donc nous marchons pour aller chez eux. Nous découvrons leur quartier. Les rues principales sont bordées d'innombrables boutiques et restaurants, mais il y a aussi énormément de cafés ! À l'étage de ces établissements subsistent d'anciennes façades, dont certaines datent du XIXe siècle. Dès que nous nous enfonçons dans les rues perpendiculaires aux axes principaux, tout semble plus calme et résidentiel. Nous déposons nos bagages chez Lucie, puis filons directement au **TARONGA ZOO**, qui se trouve à proximité.

Le Taronga Zoo

Au Taronga Zoo, on peut découvrir tous les animaux sauvages d'Australie. Ce parc est très engagé dans la protection de la faune. Il joue un rôle important dans la préservation de certaines espèces en danger, comme le koala. Il est situé juste en bas de Mosman, au bord de l'eau, et les visiteurs profitent d'une super vue sur la baie et le centre de Sydney pendant leur tour dans le parc. D'ailleurs, les gens du centre-ville peuvent venir au zoo directement en bateau. Ici, c'est un transport en commun comme un autre. Au sein même du zoo se trouve un téléphérique, qui permet de remonter au point de départ quand on a fini la visite tout en bas. Bien pratique pour nous qui sentons la fatigue s'abattre sur nous !

1 LES EMBLÈMES DE SYDNEY

THE ROCKS

Aujourd'hui, nous allons visiter la ville. Nous commençons par **THE ROCKS**. C'est un vieux quartier à partir duquel la ville de Sydney s'est construite à la fin du XVIIIe siècle. Son nom signifie « Les rochers » et vient du fait que la plupart des anciens bâtiments ici sont en pierre.
Il y a plein de galeries d'art et de boutiques de souvenirs. Nous faisons un tour au marché artisanal **THE ROCKS MARKETS**. Il a lieu tous les week-ends et rassemble divers artistes : bijoutiers, photographes, chocolatiers… Beaucoup de monde se promène là.
Lorsque nous arrivons au bout du marché, nous apercevons le pont de Sydney.

J'EN PROFITE POUR ACHETER UN BOOMERANG POUR MON GRAND-PÈRE. CES OBJETS ÉTAIENT AUTREFOIS UTILISÉS COMME ARMES DE CHASSE EN AUSTRALIE, MAIS ILS SONT MAINTENANT VENDUS EN GUISE DE JOUETS OU DE DÉCORATIONS.

LE PONT DE SYDNEY

Le pont de Sydney **(HARBOUR BRIDGE)** est l'un des monuments les plus connus d'Australie. On le voit souvent sur les souvenirs et cartes postales. C'est un arc métallique, soutenu par d'énormes piliers en pierre. Alors que nous prenons des photos du dessous, un monsieur vient nous proposer de grimper au sommet. C'est une attraction payante que les touristes apprécient car la vue tout en haut est très belle. Mais ça fait peur! Je n'ai pas le vertige normalement, mais là, oui. On voit au travers des marches, et le passage est étroit, c'est effrayant! En plus, il y a du vent là-haut! Mais c'est un super souvenir, avec une vue magnifique sur la baie de Sydney et son opéra tout blanc. Pour nous remettre de nos émotions, nous nous arrêtons dans un petit restaurant.

SYDNEY'S EMBLEMS

DAY 2 — **SYDNEY JOUR 2**

L'OPÉRA DE SYDNEY

À la fin de notre promenade dans le quartier de The Rocks, nous sommes face à l'opéra de Sydney *(SYDNEY OPERA HOUSE)*. C'est l'autre monument le plus connu ici. De loin, on dirait les voiles d'un bateau. Lucie trouve qu'il ressemble plutôt à un tas de gros coquillages. Pour le voir de près, nous devons faire le tour de *CIRCULAR QUAY*. C'est le point d'arrivée de tous les petits ferries qui desservent les quartiers autour de la baie. Lorsque nous sommes au pied de l'opéra, nous voyons que la toiture blanche est en réalité constituée de plein de tuiles géométriques, comme des écailles. C'est incroyable ! À l'intérieur, il y a cinq salles de spectacle. Après notre visite, nous allons dans l'énorme parc à côté de l'opéra : le jardin botanique.

Le jardin botanique

Le jardin botanique de Sydney *(ROYAL BOTANIC GARDENS)* est gratuit. Il s'étend sur 30 hectares, c'est-à-dire un peu plus de 42 terrains de foot. Plein de gens viennent là pour faire un pique-nique, se reposer au soleil ou au contraire à l'ombre de l'un des énormes arbres, pratiquer du sport, ou visiter l'un des musées du parc, comme la galerie d'art moderne et contemporain. Parfois, des spectacles sont organisés en plein air.

1 LA VISITE CONTINUE

LE CENTRE-VILLE, DE LA CATHÉDRALE À CHINATOWN

À la sortie du parc botanique se trouve une superbe cathédrale : **ST MARY'S CATHEDRAL**. Ses murs sont en pierre de couleur jaune-orangé et ses vitraux sont particulièrement beaux. À Noël, des lumières colorées sont projetées sur sa façade. Ce doit être magnifique ! Nous traversons ensuite **HYDE PARK**. Des artistes y proposent des spectacles de rue : un chanteur avec sa guitare, un mime, un monsieur qui gonfle des ballons et les transforme en animaux... Les gens s'arrêtent pour admirer leurs prouesses.
Nous poursuivons la visite vers le centre. Je veux absolument monter à la tour de Sydney (**SYDNEY TOWER EYE**). Elle mesure plus de 300 mètres de haut.
Au sommet se trouve une plateforme extérieure (il faut payer pour y aller), une salle d'observation à 360 ° et un restaurant qui tourne. La sensation est très étrange, mais c'est super ! Au pied de la tour, nous traversons le centre commercial **WESTFIELD** pour rejoindre **PITT STREET**, une rue piétonne elle aussi pleine d'artistes.
Nous allons ensuite au **QUEEN VICTORIA BUILDING**. De l'extérieur, on dirait une vieille gare comme on en trouve parfois en France. En réalité, c'est encore un centre commercial, avec des magasins très chics. Nous en sortons à l'autre bout, devant l'hôtel de ville de Sydney (**SYDNEY TOWN HALL**).

THE VISIT CONTINUES

SYDNEY — DAY 2 / JOUR 2

BALADE DANS CHINATOWN

Quand nous arrivons à **CHINATOWN**, le quartier chinois, j'ai vraiment l'impression d'être dans un autre pays. Presque tout est écrit en chinois ! Une longue queue s'est formée devant une toute petite boutique, **EMPEROR'S GARDEN**. C'est une boulangerie chinoise, connue pour vendre des petits choux à la crème directement sortis du four, les **emperor's puffs**. Nous en achetons quelques-uns. C'est délicieux ! Le quartier a aussi son centre commercial chinois, **HAYMARKET**. En plus de vendre des fruits et légumes, il propose des souvenirs, des bibelots, des vêtements, des sacs, et surtout beaucoup d'objets électroniques. Nous allons ensuite au jardin chinois de l'amitié (**CHINESE GARDEN OF FRIENDSHIP**). Là encore, j'ai la sensation de ne plus être en Australie ! Tout est à l'image de la Chine : les petits pavillons, les statues, la végétation… et les visiteurs.

CHOUX À LA CRÈME
EMPEROR'S PUFFS

DARLING HARBOUR ET LE FISH MARKET

Nous rejoignons un port très animé, **DARLING HARBOUR**. Il y a énormément de restaurants tout autour. C'est aussi de là que partent les bateaux pour faire des excursions en pleine mer. Nous visitons l'aquarium de Sydney (**SEA LIFE**), ainsi que le musée **MADAME TUSSAUDS**, où se trouvent des statues de cire de célébrités. Puis nous traversons un pont, le **PYRMONT BRIDGE**, et allons jusqu'au marché de poissons (**FISH MARKET**) connu pour sa grande variété de produits de la mer. Nous en profitons pour goûter au **fish and chips**. C'est du poisson pané avec des frites. J'adore !

Le CBD version australienne

Le centre des grandes villes en Australie s'appelle le CBD : **CENTRAL BUSINESS DISTRICT**. Peu de gens habitent dans les CBD. Ce sont plutôt des quartiers d'affaires, qui abritent quelques cafés, bars et restaurants, principalement ouverts en semaine, pour les travailleurs.

UN PAYS CONSTRUIT SUR L'IMMIGRATION

ZOOM AUSTRALIE

♡ La colonisation de l'Australie

Avant 1788, l'Australie était uniquement peuplée d'Aborigènes. Cette année-là, les Britanniques sont arrivés. Ils ont créé un camp pénitentiaire à Port Jackson, l'ancien nom de Sydney. Ils y envoyaient leurs prisonniers pour les punir. La colonisation britannique de l'Australie a donc commencé de cette façon, avec des détenus. Puis les gens sont restés, ont créé leur famille, fait des enfants, et ont chassé les aborigènes hors de leurs territoires. C'est pour cela que le pays est aujourd'hui peuplé d'Anglais, d'Écossais, d'Irlandais et de Gallois, et finalement de peu d'aborigènes.

♡ Un pays multiethnique

Aujourd'hui, la population de l'Australie est caractérisée par sa grande diversité ethnique. Depuis la colonisation britannique, le pays est devenu une terre d'immigration, avec des gens venant du monde entier. Un tiers des habitants d'Australie sont nés ailleurs, surtout en Grande-Bretagne. On trouve aussi principalement des Indiens (3 %) et des Chinois (5 %). Il y a beaucoup d'autres Asiatiques (Thaïlandais, Philippins), des Européens (Allemands, Français, Italiens, Grecs), des gens du Moyen-Orient, des Latino-Américains (Brésiliens, Argentins et Colombiens surtout), et beaucoup de personnes originaires des îles du Pacifique. Les aborigènes, les habitants originaux de l'Australie, ne représentent que 3 % de toute la population.

♡ La cohabitation des différentes religions

Du fait de la présence de beaucoup d'ethnies, les religions en Australie sont également nombreuses.

A COUNTRY OF IMMIGRATION

Toutes sont respectées et bien intégrées. Le catholicisme est majoritaire. Mais il y a des établissements pour chaque culte : des églises, des temples, des mosquées… On constate beaucoup moins de discriminations liées à la religion ici que dans d'autres pays.

♡ Plusieurs cultures en une

Ces caractéristiques de la population australienne ont une influence sur la culture, et en particulier sur la gastronomie. Mais elle se perçoit aussi dans l'emploi des langues. Certains messages sont écrits en anglais et en chinois : les règles de sécurité d'un lieu, les menus des restaurants, les modes d'emploi, les informations touristiques… Aussi, quand on se connecte sur des sites du gouvernement australien ou qu'on appelle un service administratif, la traduction dans l'une des langues les plus couramment parlées ici est proposée.

Enfin, plusieurs festivités sont organisées tout au long de l'année pour les communautés étrangères : le nouvel an chinois, Holi (célébration du printemps pour les Indiens), le Bastille Day (fête nationale française)…

♡ Où s'installent les étrangers ?

Les étrangers ou descendants d'étrangers sont principalement présents dans les grandes villes car il est plus facile d'y trouver du travail.
Des associations avec des ressortissants de leur pays y facilitent leur intégration.
Pour que les immigrants n'aillent pas que dans les villes, le gouvernement propose des visas pour des personnes qui ont des compétences spécifiques et qui acceptent de s'installer dans les zones moins peuplées.
Grâce à cela, il y a de plus en plus de familles étrangères à la campagne.

MANLY, PERLE DU NORD

DIRECTION LES PLAGES DU NORD

Nous voulons découvrir les plages du nord, les **NORTHERN BEACHES**, Manly plus exactement. C'est la station balnéaire la plus prisée de la rive nord de Sydney. Pour y aller, nous prenons le ferry qui part de **CIRCULAR QUAY** dans le centre-ville. Certains habitants l'empruntent tous les jours pour aller au travail. Et pour nous, c'est un super moyen de faire du tourisme car, du ferry, on a une vue magnifique sur l'opéra et le Harbour Bridge ! Trente minutes plus tard, nous arrivons à **MANLY**.

VISITE DE MANLY

Le quartier n'est pas grand mais regorge de choses à voir. D'un côté, il y a la baie de Sydney, dans laquelle le ferry a fait la traversée, avec ses plages peu agitées ; de l'autre, l'océan, avec les grosses vagues, les surfeurs... Entre les deux se trouve notamment une rue semi-piétonne, le **CORSO**, qui concentre l'animation de Manly : des boutiques, des petits restaurants, des glaciers, des bars...

Les Northern Beaches

Les plages du nord (**NORTHERN BEACHES**) sont l'une des nombreuses zones appelées « **COUNCILS** » qui constituent Sydney. Manly en est le quartier le plus connu et le plus au sud. Tout au nord, à 40 kilomètres du centre, se trouve **PALM BEACH**, une autre presqu'île. Le phare au sommet de la pointe de Palm Beach est l'un des endroits les plus photographiés de Sydney.

> ICI, LES GENS PORTENT DES TENUES BEAUCOUP PLUS DÉCONTRACTÉES QU'AU CENTRE-VILLE : DES SHORTS DE BAIN, DES ROBES DE PLAGE... ALORS QUE CE QUARTIER FAIT TOUJOURS PARTIE DE SYDNEY, J'AI VRAIMENT L'IMPRESSION D'EN ÊTRE LOIN, TANT L'AMBIANCE EST DIFFÉRENTE.

MANLY, JEWEL OF THE NORTH

SYDNEY — DAY 3 / JOUR 3

SHELLY BEACH : LE PARADIS DES PLONGEURS

Nous suivons un chemin qui longe l'océan et arrivons sur une toute petite plage protégée : **SHELLY BEACH**. Elle porte ce nom en raison de la quantité de coquillages qu'elle abrite. Cette plage est toujours bondée lorsqu'il fait beau. C'est un super endroit pour faire de la plongée car c'est une réserve naturelle où vivent de très nombreuses espèces. La promenade se poursuit sur la presqu'île voisine : **CABBAGE TREE RESERVE**. Le chemin est ombragé. D'ici, la vue sur la plage et l'océan est imprenable.

Au moment où je regarde au loin, une sorte de geyser sort de l'eau : waouh ! C'est une baleine qui nage juste sous la surface ! Et en voilà une autre qui fait un saut hors de l'eau ! C'est génial ! Elles nagent ensemble car elles migrent vers le nord du pays pour passer l'hiver.

COQUILLAGES / SHELLS

NORTH HEAD NATIONAL PARK

Nous terminons notre visite de Manly par un tour dans le parc national. Il s'appelle **NORTH HEAD**, ça veut dire « tête du nord ». C'est la rive nord de l'embouchure de la baie de Sydney. Nous passons près de vieux bâtiments qui servaient à mettre en quarantaine les voyageurs qui arrivaient à Sydney aux XIXe et XXe siècles. Aujourd'hui, ce sont des monuments qui peuvent être visités.

1 DÉCOUVERTE DE L'ÉCOLE

C'EST PARTI POUR UN JOUR DE COURS !

Aujourd'hui, je vais passer la journée à l'école de Lucie. Elle a prévenu ses profs que je venais. Elle est en 6e, ça s'appelle **SIXTH GRADE** en Australie. Ici, les élèves ne rentrent au collège qu'en 5e. Les bâtiments ressemblent beaucoup à ceux que nous avons en France. Tous ses copains et copines sont très accueillants. Ils font beaucoup d'efforts pour moi alors qu'ils ne parlent pas français et que moi, je ne connais que quelques mots d'anglais. On voit qu'ils sont habitués à accueillir des étrangers ! Contrairement à tous ces élèves qui portent un uniforme bleu et noir, je suis habillé avec mes vêtements habituels puisque je ne fais pas partie de l'établissement. Impossible de passer inaperçu !

L'uniforme scolaire

Presque toutes les écoles d'Australie ont leur propre uniforme avec un modèle pour les filles et un pour les garçons. Seule la tenue de sport est la même pour tous les élèves. Ce n'est pas toujours très joli… Mais moi, je trouve ça bien car, au moins, il n'y a pas de problèmes de jalousie entre eux à cause des habits. L'autre vêtement obligatoire, c'est le chapeau assorti à l'uniforme. Le soleil étant très fort en Australie, les écoles appliquent la règle du « no hat no play » : les élèves sans chapeau n'ont pas le droit d'aller jouer dans la cour. C'est ombre obligatoire !

A DAY AT SCHOOL

SYDNEY — DAY 4 — JOUR 4

UN EMPLOI DU TEMPS DIFFÉRENT

Les cours de Lucie démarrent à 9 h. Il faut y arriver entre 8 h 30 et 9 h pour commencer les leçons bien à l'heure. Nous y allons en marchant, mais on aurait aussi pu prendre le **school bus**. C'est un bus qui ne transporte que des élèves. Certains établissements ont carrément leur propre réseau pour le ramassage scolaire.

On a des leçons pendant deux heures, puis, à 11 h, c'est la pause déjeuner ou **lunch**. Il n'y a pas de cantine comme en France, il faut apporter son repas. Tous les élèves ont une **lunch box**, c'est-à-dire une grande boîte dans laquelle leurs parents ont mis différents aliments, souvent un sandwich, un fruit et un laitage. Manger ça tous les jours, ça me soûlerait ! En plus, il n'y a pas d'endroit spécial pour se restaurer, on se met où on veut dans la cour de récréation !

On a ensuite un temps libre pour jouer jusqu'à 11 h 55, puis on reprend les cours jusqu'à 13 h 55. Là, on a une pause de trente minutes pour le **afternoon tea**, une sorte de goûter que les parents doivent aussi préparer. On retourne en classe jusqu'à 15 h 10, fin de la journée scolaire. Sortir plus tôt, ça, c'est chouette !

Quelle heure est-il ?

Les Australiens n'écrivent pas l'heure comme nous. Ils ne se basent pas sur 24 heures mais sur deux périodes de 12 heures : une période de minuit à midi et une autre de midi à minuit. Toutes les heures du matin, entre minuit et 11 h 59, sont indiquées par « am » et celles de l'après-midi, de midi à 23 h 59, sont « pm ». Voici quelques exemples :

Heure française	Heure australienne
10 h	10 am
11 h 45	11.45 am
15 h 30	3.30 pm
22 h 10	10.10 pm

BOÎTE À REPAS
LUNCH BOX

LA SCOLARITÉ EN AUSTRALIE

♡ Le parcours scolaire

Les différents niveaux scolaires ne portent pas les mêmes noms qu'en France. Voici une correspondance entre les classes françaises et australiennes.

En France	En Australie	En France	En Australie
CP	**First grade**	5ᵉ	**Seventh grade**
CE1	**Second grade**	4ᵉ	**Eighth grade**
CE2	**Third grade**	3ᵉ	**Ninth grade**
CM1	**Fourth grade**	Seconde	**Tenth grade**
CM2	**Fifth grade**	Première	**Eleventh grade**
6ᵉ	**Sixth grade**	Terminale	**Twelfth grade**

Une fois qu'on a retenu que la 6ᵉ en France, c'est aussi le niveau 6 en Australie et que les décomptes se font en sens inverse, c'est très facile de mémoriser les classes ! La maternelle, avant le CP, n'est pas comptée dans la scolarité.

♡ Les établissements

La maternelle s'appelle **preschool**. L'école primaire, c'est la **primary school** (souvent juste appelée **school**), et dure jusqu'au **sixth grade** inclus. Puis le collège (à partir du **seventh grade**) et le lycée sont réunis sous le nom de **highschool**, ou plus rarement, **college**. C'est comme si notre classe de 6ᵉ en France faisait partie de l'école primaire !

SCHOOLING IN AUSTRALIA

♥ L'année scolaire

Chaque année scolaire commence fin janvier et se termine en décembre. Elle est divisée en quatre parties qui s'appellent les **terms**. Entre deux **terms**, il y a des vacances scolaires d'une durée de deux semaines. En général, les premières vacances ont lieu autour de Pâques. Les deuxièmes sont fin juin-début juillet. Les troisièmes fin septembre-début octobre. Puis les grandes vacances, entre un niveau scolaire et le niveau supérieur, ont lieu à cheval sur décembre et janvier. Eh oui, c'est l'été à cette période en Australie !

Il y a aussi plusieurs jours fériés, qui sont différents selon les régions du pays. Voici ceux de Sydney :

- jour de l'an (1er janvier)
- fête nationale australienne, l'*Australia Day* (26 janvier)
- **Vendredi saint** (avril)
- **Lundi de Pâques** (avril)
- *Anzac Day* (25 avril)
- anniversaire du roi (deuxième lundi de juin).
- jour du travail (premier lundi d'octobre)
- **Noël** (25 décembre)
- *Boxing Day* (26 décembre)

Si l'un de ces jours tombe un samedi ou un dimanche, il est reporté au jour ouvré suivant. Dommage que ce ne soit pas pareil en France !

1 BONDI, UN COIN DE PARADIS

EN ROUTE POUR BONDI !

BONDI est la station balnéaire la plus connue de Sydney. Elle se situe à l'est du centre-ville. Pour y aller, nous prenons d'abord un train au départ de Wynyard qui s'arrête à la station **BONDI JUNCTION**. C'est la partie animée du quartier avec son centre commercial Westfield comme celui que nous avions vu à côté de la **SYDNEY TOWER EYE**. Nous passons notre chemin car les boutiques sont toujours un peu les mêmes. Puis nous prenons le bus 333 et descendons au premier arrêt, directement devant la plage, après 45 minutes de trajet.

UNE PISCINE À LA PLAGE

Si cet endroit est aussi connu, c'est principalement en raison de sa piscine au bord de l'océan. On trouve des piscines sur la plupart des plages de Sydney. Celles-ci sont, en général, gratuites et permettent aux gens de nager en toute sécurité, sans vagues... et sans risque de croiser un requin ! Ils appellent ça des **rockpools**. Celle de Bondi attire beaucoup de monde parce qu'elle est très photogénique. On la voit souvent sur Instagram et TikTok.

BONDI BEACH, UN QUARTIER NU-PIED

J'ai remarqué un truc depuis qu'on est montés dans le bus qui nous amenait à **BONDI BEACH** : très peu de gens portent des chaussures ! Même dans les magasins et dans les rues à proximité de la plage, presque tout le monde se promène pieds nus. Je crois que c'est souvent le cas ici, dans les quartiers proches des plages, car, à Manly, j'en ai vus aussi. C'est surprenant de voir des gens pieds nus dans les boutiques, alors que tout est si propre partout...

> LA PLAGE DE BONDI EST AUSSI CONNUE POUR LE SURF. DE TRÈS NOMBREUX SURFEURS VIENNENT ICI CAR LES VAGUES SONT TOUJOURS IDÉALES. C'EST VRAI QU'AUJOURD'HUI, IL Y A PRESQUE PLUS DE MONDE EN TRAIN DE SURFER QUE DE BRONZER SUR LE SABLE.

BONDI, A PIECE OF HEAVEN

SYDNEY — DAY 5 / JOUR 5

L'inversion des saisons

Parce que l'Australie se trouve dans l'hémisphère sud, les saisons sont inversées par rapport à ce qu'on connaît en France. L'hiver dure de juin à septembre, le printemps : de septembre à décembre, l'été : de décembre à mars et l'automne : de mars à juin. Ça veut dire qu'au moment de Noël, c'est l'été !
C'est aussi pour cette raison que l'année scolaire n'est pas découpée comme en France. Selon l'endroit de l'Australie où l'on se trouve, les caractéristiques des saisons sont très différentes. Au sud du pays, les hivers sont froids et les étés chauds et secs. Plus on monte vers le nord, moins l'hiver est rigoureux et plus l'été est humide.

Les *surf lifesavers*

Sur toutes les plages, il y a des sauveteurs en mer (*lifeguards*) présents toute l'année. Ils sont souvent habillés en noir et bleu clair. Entre octobre et mai, il y a aussi des sauveteurs en rouge et jaune, mais qui ne sont là que les week-ends et les jours fériés. Ceux-ci sont bénévoles et sont appelés les ***surf lifesavers***. Ils portent ce nom car ils ont appris à secourir les gens à l'aide d'une planche de surf spécifique.

1 UN DIMANCHE À SYDNEY

LE BRUNCH DU DIMANCHE

Dimanche matin, nous allons au café le plus proche de chez Lucie car nous voulons tester le brunch. C'est un mélange entre le petit-déjeuner et le déjeuner, c'est-à-dire qu'il est composé d'ingrédients aussi bien salés que sucrés. La première chose que la serveuse nous demande, c'est notre choix de boisson chaude. Ensuite, nous commandons la nourriture. Moi, je prends un **avocado on toast**. C'est de l'avocat sur du pain grillé avec un œuf poché par-dessus. Papa veut un **bacon and egg roll**. Ça ressemble à un hamburger, mais, à l'intérieur, c'est du bacon et de l'œuf. Maman prend une tranche de **banana bread** (cake à la banane) avec du beurre.

AVOCAT SUR PAIN GRILLÉ
AVOCADO ON TOAST

HAMBURGER ŒUF-BACON
BACON AND EGG ROLL

CAKE À LA BANANE
BANANA BREAD

PETITE SORTIE SHOPPING

Après ce bon petit-déjeuner, nous allons faire du shopping au **WARRINGAH MALL**, un énorme centre commercial. Même si c'est dimanche, les boutiques sont ouvertes. Je ne m'attendais pas à voir autant de monde dans les magasins! Les gens semblent venir ici aussi bien pour faire les boutiques que pour se promener. C'est également un lieu pour manger. Dans tous ces centres, il y a une grande zone réservée aux restaurants : le **food court**. On peut commander de la nourriture dans n'importe lequel des restaurants et aller s'installer pour manger à n'importe quelle table au centre de la place. Trop pratique!

A SUNDAY IN SYDNEY

SYDNEY — DAY 6 / JOUR 6

COURS DE SURF À MANLY

Après avoir fait un peu de shopping, nous retournons à **MANLY** où Lucie va me montrer comment surfer. Elle pratique cette activité depuis toute petite et encore plus depuis qu'elle habite en Australie, donc elle est déjà très forte. Nous allons choisir une planche pour moi. Le loueur me conseille un modèle pour débutant. Il me prête aussi une combinaison parce que, comme c'est l'hiver, il ne fait pas très chaud. Sur la plage, Lucie m'explique rapidement comment réagir face à une vague et comment réussir à me mettre debout sans perdre l'équilibre. Puis j'attache la planche à ma cheville et c'est parti ! Nous nous amusons comme des fous pendant une heure dans l'eau. Ça fatigue beaucoup, ce sport. Mais j'ai adoré !

COMBINAISON / WETSUIT

LE BARBECUE : UNE TRADITION !

Après cette session découverte du surf, je suis affamé ! Heureusement, c'est l'heure de manger. Au menu : barbecue. C'est une des activités favorites des Australiens, le week-end. Elle se pratique à toute heure ! Il y a des barbecues publics un peu partout dans les parcs et en bord de plage qui fonctionnent à l'électricité. Il suffit d'appuyer sur un bouton pour qu'ils s'allument. Il est demandé aux utilisateurs de nettoyer la plaque de cuisson après s'en être servis afin de laisser un barbecue propre pour les suivants. L'accès aux grillades toute l'année donne vraiment l'impression que c'est l'été en continu !

Les horaires des commerces

En Australie, la majorité des commerces ferment beaucoup plus tôt qu'en France. En général, ils ne sont ouverts que de 9 h à 16 h 30 ou 17 h. Mais certains supermarchés, surtout dans les grandes villes, ouvrent très tôt le matin et ferment à minuit. Les cafés accueillent les clients dès 6 ou 7 h le matin et baissent le rideau vers 14 ou 15 h. Pour les restaurants, cela dépend de leurs spécialités. Certains fast-foods sont ouverts 24 heures sur 24. Mais, en dehors de ces chaînes, il est assez compliqué de trouver un restaurant qui serve encore à 21h. Les Australiens dînent très tôt le soir !

ZOOM AUSTRALIE

LA CULTURE DU SURF EN AUSTRALIE

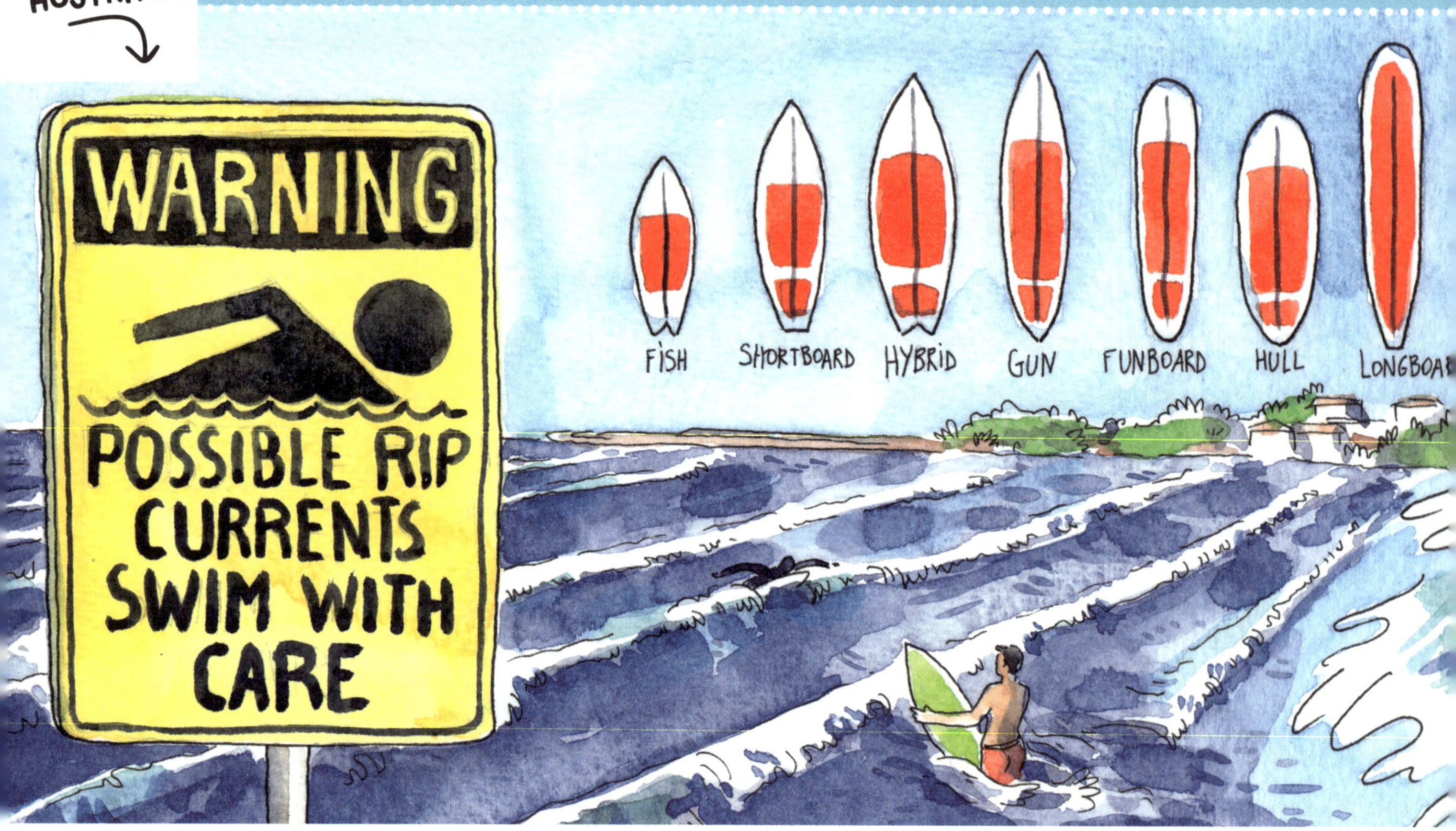
WARNING
POSSIBLE RIP CURRENTS SWIM WITH CARE
FISH
SHORTBOARD
HYBRID
GUN
FUNBOARD
HULL
LONGBOA

Des kilomètres et des kilomètres de côtes

L'Australie est encerclée d'eau : l'océan Pacifique à l'est et au sud-est, l'océan Indien à l'ouest et au sud-ouest et des mers au nord (mer du Timor, mer d'Arafura, mer de corail). Cela représente 25 760 kilomètres de côtes et donc un large choix pour ceux qui aiment les activités maritimes. Les plages avec des vagues occupent une grosse partie du littoral, surtout côté océan, où il n'y a que peu d'obstacles à la formation des rouleaux. Les surfeurs n'ont que l'embarras du choix !

Un sport pour tous

Le surf n'est pas réservé aux jeunes. En fait, presque tout le monde le pratique en Australie, peu importe l'âge et le genre. Certains enfants commencent très tôt. Ils sont en général plus doués que les adultes car ils ont un meilleur équilibre. Mais on voit aussi des personnes âgées, voire très âgées, en faire. Bien souvent, ce sont des gens qui ont pratiqué ce sport toute leur vie. Le surf fait partie de leur quotidien. Impossible de s'en passer !

Bien choisir sa planche

Il existe des planches pour tous les goûts : des longues, des courtes, des fines, des épaisses, avec des formes et des couleurs différentes… Mais, en réalité, un surf se choisit en fonction du type de vagues qu'on veut surfer,

SURF CULTURE IN AUSTRALIA

du niveau que l'on a et du rapport poids/taille que l'on affiche. Pour faire simple, quand on est débutant, il vaut mieux utiliser une planche longue et épaisse. C'est plus facile pour réussir à se mettre debout. Quand on a un meilleur niveau et qu'on va dans les grosses vagues, alors on peut prendre une planche plus courte et plus fine, qui sera plus maniable.

♡ Les meilleurs spots de surf

Le pays est, entre autres, connu pour ses excellents spots de surf. Il y en a vraiment partout, mais certains sont plus connus que d'autres :
- **au sud :** Torquay.
- **à l'est :** Bondi, Manly, Narrabeen, Angourie, Byron Bay, Snappers Rocks, Burleigh Heads, Noosa.
- **à l'ouest :** Margaret River.

Beaucoup de ces endroits sont devenus célèbres car ils ont accueilli des compétitions internationales.

♡ Gare aux baïnes !

Sur la majorité des plages de surf, il y a des panneaux qui signalent la présence de baïnes. Ici, ça s'appelle des **rip currents**. Ce sont des courants contre lesquels on ne peut pas résister et qui emmènent vers le large. C'est important de les reconnaître avant de se baigner et de savoir quoi faire si l'on est emporté par l'un d'eux. En fait, il ne faut pas essayer de revenir vers la plage car c'est impossible quand on est pris dans un **rip**. Il faut nager d'un côté ou de l'autre, parallèlement au rivage, et revenir vers celui-ci quand on est sorti du courant. Hélas, chaque année, malgré les mises en garde, des baigneurs se retrouvent piégés dans les baïnes et se noient.

2 LES MONTAGNES BLEUES

UN VOYAGE EN VAN : YES !

Nous partons aujourd'hui faire un **road trip** : on va parcourir un bout du pays en **campervan**. C'est un fourgon qui est aménagé pour dormir et manger. Ici, il est commun de donner un nom à son van. Alors nous avons baptisé le nôtre Bobby. Les premiers kilomètres, c'est papa qui conduit. Il ne va pas très vite car il n'a pas l'habitude d'être sur la voie de gauche et d'avoir le volant à droite. Souvent, il se trompe entre les clignotants et les essuie-glaces car les commandes sont inversées. Heureusement, pour notre premier trajet, nous ne partons pas très loin. Direction les **MONTAGNES BLEUES** !

DES MONTAGNES À DEUX PAS DE SYDNEY

Les Montagnes bleues (**BLUE MOUNTAINS**) font partie de la ville de Sydney. Elles sont situées à moins d'une heure de route du centre-ville. De certains sommets, on peut d'ailleurs voir Sydney. Le point culminant se trouve à 1 268 mètres d'altitude. Ces montagnes sont dites « bleues » parce que, lorsqu'on regarde l'horizon, on voit un halo bleuâtre au-dessus d'elles. Ce phénomène est dû aux eucalyptus qui couvrent tout le massif et dont les feuilles dégagent des essences aromatiques, surtout par temps chaud.

THE BLUE MOUNTAINS

LES BLUE MOUNTAINS

DAYS 7 TO 9   JOURS 7 À 9

UN CONCENTRÉ DE RANDONNÉES

Les gens viennent dans les Blue Mountains tout au long de l'année, juste pour la journée ou, parfois, pour des durées plus longues. Il y a plein de randonnées possibles. Certaines permettent d'accéder à des grandes cascades. L'une des plus connues part de la ville de **KATOOMBA**, ou plus exactement du point de vue **ECHO POINT**. D'ailleurs, la vue la plus célèbre de cet endroit se trouve là, avec les trois rochers qui s'appellent les Trois sœurs (**THREE SISTERS**). Juste à gauche de ce point de vue, on peut descendre un chemin qui permet d'accéder à ces rochers. Ensuite, il y a des escaliers très raides qui mènent tout en bas.

C'est le Giant Stairway. Il compte 998 marches au total. Pour descendre c'est facile, mais c'est effrayant car on voit parfois au travers des marches. Une fois en bas, on peut soit suivre l'une des nombreuses randonnées qui partent de là, soit remonter les escaliers. Et là, c'est vraiment dur ! Il ne faut pas oublier d'apporter de l'eau.

Le cauchemar des incendies

En 2019, l'Australie a connu une longue période de violents incendies, les **bushfires**. Les arbres des Blue Mountains n'ont pas été épargnés. Une grosse partie du parc national a brûlé. Certaines zones sont restées fermées au public longtemps après l'arrêt des feux pour permettre à la nature de se régénérer. Aujourd'hui encore, ces endroits qui ont été ravagés par ces incendies sont visibles : je les repère vite car ils ont une coloration grisâtre à noire, alors que tout le reste est d'un vert bleuté assez intense. C'est terrible !

La légende des Three Sisters

Le nom Three Sisters provient d'une légende. Selon les aborigènes, les trois rochers correspondent à trois sœurs qui auraient été transformées en pierre. Mais tout le monde n'est pas d'accord sur la raison de cette métamorphose. Certains disent que c'est un sorcier des montagnes qui les a pétrifiées pour les protéger d'un danger, mais qu'il est mort avant de pouvoir inverser le sort. D'autres racontent que c'est leur père qui leur a jeté ce sort car il ne voulait pas qu'elles se marient et le laissent seul. Il existe encore d'autres théories sur l'origine de ce nom, mais ces deux-là sont les plus répandues.

3 UNE NUIT EN VAN

UNE MAISON SUR ROUES

Ce soir, nous passons notre première nuit dans le van. À l'intérieur, deux banquettes sont séparées par une table qui peut s'abaisser à leur niveau pour former un grand lit. Il sera pour papa et maman. Un autre, plus petit, se trouve dans le caisson situé au-dessus des sièges avant. On y monte par une échelle. Celui-ci sera pour moi ! Il y a aussi un petit frigo, des tiroirs et des placards pour ranger nos affaires, les ustensiles de cuisine et la nourriture. Enfin, Bobby dispose d'un meuble de cuisine avec un petit évier et une gazinière très étroite. C'est vraiment une mini-maison sur roues ! Par contre, il n'y a pas de toilettes ni de salle de bains. Je me demande comment nous allons faire...

UN PAYS FAIT POUR LES CAMPEURS

Quand on campe en Australie, on n'a pas le droit de s'installer n'importe où. Il faut s'arrêter dans un **campsite** (une aire de camping). Mais il y en a partout dans le pays, pour tous les goûts et tous les budgets. Certains sont même gratuits. Pour ce soir, on a installé Bobby dans un *campsite* gratuit, en pleine campagne. Il comporte juste des toilettes sèches et une table de pique-nique. Je me méfiais de ces W.-C. sans chasse d'eau, mais, en fait, ils sont très propres et ne puent même pas !

A NIGHT IN THE VAN

JERVIS BAY / NSW

DAY 10 — JOUR 10

RENCONTRE AVEC DES BACKPACKERS

À côté de nous, dans le campsite, un autre **campervan** s'est installé. Il est tout petit. De l'extérieur, on dirait un monospace. Mais, en fait, à l'intérieur, il y a aussi un lit et de quoi cuisiner. Le garçon et la fille qui l'utilisent sont jeunes, ils n'ont que 21 ans. Et ils sont français aussi. C'est drôle de croiser des gens de son pays au milieu de nulle part, à l'autre bout du monde ! Ils nous expliquent qu'ils sont **backpackers** (ça veut dire « voyageurs en sac à dos ») et qu'ils parcourent l'Australie en van. Nous écoutons leurs histoires avec attention. Ils ont vécu déjà tant d'aventures ici ! J'aimerais beaucoup faire ça aussi, quand je serai plus grand.

L'application Wikicamps

Pour trouver les campsites en Australie, il existe des applications. Wikicamps est la plus connue. Elle les répertorie quasiment tous ! Les utilisateurs filtrent leurs recherches en fonction des équipements dont ils ont envie : douche, piscine, prix, etc. Et les gens qui ont testé l'endroit peuvent ensuite laisser un avis et des images. C'est très pratique !

JERVIS BAY : LA CARTE POSTALE

Aujourd'hui, nous allons à **HYAMS BEACH**, l'une des plus belles plages d'Australie d'après les guides. Je comprends pourquoi ! L'eau est d'un bleu intense, et le sable très blanc est tellement fin qu'il crisse sous les pieds quand on marche. On se croirait sur une île paradisiaque ! Puis nous enchaînons avec **CAVE BEACH**. Il y a un camping juste au bord de la plage mais réservé à ceux qui dorment en tente. On y va seulement pour pique-niquer. À peine installés pour le repas, nous sommes encerclés par des wallabies ! Ils semblent très intéressés par ce que nous mangeons… Mais notre nourriture n'est pas bonne pour eux, ça peut les rendre malades.

ZOOM AUSTRALIE

LE PERMIS VACANCES-TRAVAIL (PVT)

♥ Le principe du WHV

Pour visiter certains pays pendant une longue durée, il existe un type de visa spécial pour les jeunes. Selon les destinations, il est réservé aux moins de 30 ans ou de 35 ans, et uniquement à certaines nationalités. Il s'appelle le **Working Holiday Visa** (Permis Vacances-Travail). En plus de permettre de faire du tourisme, il autorise ceux qui le possèdent, les PVTistes, à trouver des emplois. De cette façon, ils peuvent payer leur long voyage en travaillant par-ci par-là. Le WHV a une durée d'un an, mais il est renouvelable dans certains pays, parfois plusieurs fois.

♥ Le WHV en Australie pour les Français

En Australie, seuls les citoyens de 19 pays peuvent obtenir ce visa, dont les Français. Ceux qui le veulent doivent le demander, avant leurs 35 ans, sur le site du gouvernement australien. Quand ils l'obtiennent, ils ont un an pour entrer sur le territoire. Une fois qu'ils arrivent en Australie, ils ont droit à 12 mois sur place. S'ils souhaitent rester plus longtemps, ils peuvent renouveler ce visa, mais il faut qu'ils aient toujours moins de 35 ans, et ils doivent avoir été employés au moins 88 jours dans des endroits spécifiques (des fermes, des restaurants...).

♥ Les missions d'un PVTiste en Australie

La première mission de celui qui vient avec un Working Holiday Visa, c'est de profiter de l'Australie. Comme le visa dure un an (et qu'il est renouvelable !), il offre suffisamment de temps dans tout le pays. Bien souvent, les PVTistes travaillent dans les restaurants, les cafés, les bars... Ce domaine s'appelle l'*hospitality*.

THE WORKING HOLIDAY VISA (WHV)

Selon leur niveau d'anglais, les missions qui leur sont confiées sont différentes. Les débutants commencent souvent par la vaisselle, puis ils évoluent petit à petit vers le service, la confection des cafés, la prise de commande... On trouve aussi beaucoup de PVTistes dans les fermes. Les exploitations agricoles sont immenses en Australie, alors elles embauchent facilement de la main-d'œuvre étrangère. Les PVTistes participent ainsi à la récolte des fruits et légumes, à l'entretien des champs, et même aux soins apportés aux animaux. Mais, en réalité, ils peuvent être recrutés dans presque tous les domaines, donc on en trouve dans des entreprises très diverses.

♡ Comment reconnaît-on les PVTistes français ?

Souvent, les jeunes qui viennent en Australie veulent avant tout découvrir le maximum de choses. Alors ils ne restent jamais très longtemps au même endroit et cherchent à se déplacer facilement. Donc, ce sont souvent des *backpackers*. Pour voyager, la plupart d'entre eux utilisent des vans aménagés, de simples voitures, ou des 4x4. On reconnaît facilement ceux des PVTistes parce qu'ils ont plein d'équipements dessus et plein de bazar dedans. La majorité des *backpackers* aiment vadrouiller et ont déjà été dans d'autres pays avant de venir ici. Ils portent sur eux les marques de leurs précédents périples : des bijoux d'Asie, des tatouages... On les reconnaît aussi à leur âge : quand on voit un Français de moins de 30 ans en Australie, on est quasi sûr qu'il a un WHV ! Enfin, les lieux qu'ils fréquentent sont aussi caractéristiques. Ils sont jeunes et sont là pour profiter du pays, mais sans trop dépenser. C'est pourquoi on les trouve souvent dans les auberges de jeunesse. Ce sont des hôtels bon marché où l'on peut dormir dans des chambres partagées ou même de grands dortoirs. Les pièces telles que la cuisine, le salon et la salle de bains sont communes...

4 VISITE DE LA CAPITALE

LE PETIT DÉTOUR

Nous arrivons dans l'État de l'ACT (**AUSTRALIAN CAPITAL TERRITORY**). C'est un tout petit territoire au sud-est du pays. **CANBERRA** en est la capitale et c'est aussi celle du pays. Pourtant, ce n'est pas la ville la plus grande ni la plus peuplée. Elle est quinze fois plus petite que Sydney et compte douze fois moins d'habitants. Elle a été choisie comme capitale de l'Australie en guise de compromis entre Sydney et Melbourne, deux villes alors rivales. C'est là que se trouve le gouvernement fédéral, c'est-à-dire le gouvernement du pays. Tout semble plus calme ici : beaucoup moins de gens, ambiance moins festive, circulation moins dense…

VISIT OF THE CAPITAL CITY

CANBERRA / ACT

DAYS 11, 12 — JOURS 11, 12

LES MONUMENTS DE CANBERRA

La ville est remplie de monuments commémoratifs, surtout le long de **ANZAC PARADE** :

1. NEW ZEALAND MEMORIAL, qui célèbre le lien entre la Nouvelle-Zélande et l'Australie.

2. NATIONAL BOER WAR MEMORIAL, en commémoration des Australiens morts durant la guerre en Afrique du Sud.

3. AUSTRALIAN PEACEKEEPING MEMORIAL, pour honorer toutes les personnes impliquées dans des missions de maintien ou de rétablissement de la paix.

4. ROYAL AUSTRALIAN AIR FORCE MEMORIAL, en l'honneur des militaires de l'armée de l'air australienne.

5. AUSTRALIAN VIETNAM FORCES NATIONAL MEMORIAL, pour les 60 000 Australiens partis au combat pendant la guerre du Vietnam, et dont plusieurs centaines ne sont pas revenus.

6. AUSTRALIAN NATIONAL KOREAN WAR MEMORIAL, en commémoration des soldats australiens partis et morts au combat lors de la guerre de Corée.

7. ROYAL AUSTRALIAN NAVY MEMORIAL, en mémoire de tous les marins qui ont combattu pour l'Australie.

8. AUSTRALIAN HELLENIC MEMORIAL WAR, en l'honneur des Australiens partis au combat en Grèce et en Crète lors de la Seconde Guerre mondiale.

Bien que cela soit peu mentionné dans les cours d'histoire en France, de voir cela me permet de prendre conscience que l'Australie a eu une grande place dans divers conflits.

La répartition de la population

Le centre de l'Australie est un gigantesque désert très peu peuplé. Dans cette région, la seule grande ville, c'est Alice Springs. Toutes les autres sont situées sur les côtes. Plus de 85 % de la population habite à moins de 50 kilomètres de la plage. Pas étonnant que les principales choses à faire et à voir en Australie se trouvent également sur les côtes !

5 UNE VILLE PLUS EUROPÉENNE

DÉJÀ NOTRE TROISIÈME ÉTAT !

Nous arrivons bientôt à **MELBOURNE**, capitale de l'État du Victoria, dans le sud du pays. C'est le troisième État que nous traversons, après la Nouvelle-Galles du Sud (**NEW SOUTH WALES**) et l'**ACT**. À chaque fois, c'est presque comme un changement de pays, même si les habitants parlent tous la même langue.

UN PAYSAGE PLUS GRIS !

Ici, la végétation est bien différente. Sydney et ses alentours étaient très verts car la majorité des arbres n'y perdent pas leur feuillage en hiver. Mais Melbourne est beaucoup plus au sud, la flore n'est pas la même. On trouve davantage d'arbres à feuilles caduques. Le paysage est donc très différent et ressemble beaucoup plus à ce que nous avons l'habitude de voir chez nous. Là, j'ai vraiment la sensation d'être en hiver !

La culture du café

Dans les villes, et encore plus à Melbourne, tout le monde marche dans la rue avec un gobelet de café à la main. Il y a des bistrots partout. Les gens vont s'installer à une table pour déguster leur boisson ou l'emportent avec eux. Commander un café est un vrai casse-tête ici car il en existe plein (latte, flat white, cappuccino, mochaccino…). En plus, il faut préciser à chaque fois la taille, si on veut du sucre ou un lait spécial (amande, noix de coco, soja, avoine, riz…). Les Australiens ne rigolent vraiment pas avec leur café !

CAFÉ À EMPORTER
TAKEAWAY COFFEE

A EUROPEAN-LIKE CITY

MELBOURNE / VIC

DAY 13 — JOUR 13

J'AI FROID !

En descendant de Sydney à Melbourne, je remarque aussi un gros changement de température. Je pensais qu'il faisait chaud tout le temps et partout en Australie. Heureusement que maman a prévu des vêtements adéquats pour moi. Elle a deviné que je n'en mettrais pas dans ma valise. Ce matin, il ne fait que 5 °C ! Bobby n'a pas de chauffage. C'est dur de sortir du sac de couchage !
Quand le soleil se lève, la température devient plus agréable, même si ça reste encore vraiment frais.

F1

L'une des étapes du Grand Prix de F1 a lieu tous les ans en Australie. Jusqu'en 1995, elle était organisée à Adélaïde. Depuis, elle se déroule sur le **CIRCUIT DE L'ALBERT PARK**, au sud de la ville de Melbourne. C'est d'ailleurs la première course de la saison. Le circuit de l'Albert Park est dit semi-urbain parce qu'il emprunte aussi des routes normales dans la ville.

ZOOM AUSTRALIE

UN PAYS, DES ÉTATS ET DES TERRITOIRES

♡ Composition de l'Australie

L'Australie est un pays fédéral, c'est-à-dire qu'il est divisé en petits espaces qu'on appelle États ou territoires, avec chacun leur gouvernement. Maman m'explique que les territoires sont moins indépendants que les États qui, eux, font leurs propres règles et ne sont obligés d'obéir au Premier ministre que dans certaines situations bien particulières. Les six États sont les suivants :
- **New South Wales** (Nouvelle-Galles du Sud),
- **Victoria**, **Queensland**, **South Australia** (Australie méridionale),
- **Western Australia** (Australie occidentale),
- **Tasmania** (Tasmanie).

Et les deux territoires sont l'**Australian Capital Territory** et le **Northern Territory** (Territoire du nord). Rien à voir avec nos régions et départements français !

♡ Composition du gouvernement australien

L'Australie dépend du **Commonwealth**, ce qui veut dire qu'elle fait partie du royaume régi par le roi d'Angleterre, Charles III. Comme ce dernier n'est pas présent

ONE COUNTRY, SEVERAL STATES AND TERRITORIES

en Australie, il a un représentant sur place :
le gouverneur général. Concrètement, c'est le Premier ministre (**Prime Minister**) qui est à la tête du pays.
Il n'est pas directement élu par les citoyens. En fait, c'est le leader du parti qui obtient le plus de voix aux élections qui devient Premier ministre. Il dirige le gouvernement et oriente la politique (par exemple : sur l'immigration, l'armée, etc.). Mais chaque État et territoire a aussi un représentant : un **Premier** pour les États, et un **Chief Minister** pour les territoires. Il y a ensuite des gouvernements plus locaux au sein de chaque État ou territoire, appelés **councils**.
Ils sont gérés par des maires (**mayors**).

♡ L'Australie et la famille royale

Le 8 septembre 2022, la reine Elizabeth II, mère du roi Charles III, est décédée. Elle avait régné pendant 70 ans sur son royaume. Les Australiens l'appréciaient beaucoup pour une majorité d'entre eux. Ils suivaient avec un grand intérêt toutes les histoires de la famille royale, les mariages, les naissances, les drames… C'était presque comme une série TV pour eux ! N'oublions pas que la monnaie australienne affichait jusqu'à présent le visage de la reine. Petit à petit, le nouveau roi prendra sa place.

5 LES PLAGES DE MELBOURNE

SAINT KILDA : LA PLAGE DES PINGOUINS

Même si Melbourne n'est pas vraiment réputée pour ses plages, nous nous dirigeons vers la mer. Tout d'abord, nous garons Bobby à **SAINT KILDA**, à deux pas du tramway qui relie le centre-ville de Melbourne à cette station balnéaire. Ici, la plage n'a rien à voir avec celles que nous avons vues jusqu'à maintenant. L'eau y est calme, sans vagues !

Le sable est plus grossier aussi. La saison n'est pas à la baignade, mais c'est toujours agréable d'être au bord de l'eau. Saint Kilda est connue pour son parc d'attractions **LUNA PARK**, mais aussi pour ses pingouins, qui sont les plus petits au monde ! Le soir, les gens se rassemblent dans le port, dans l'attente de les apercevoir. Ceux qui viennent voir ce spectacle sont si nombreux que des **rangers** sont présents pour assurer la sécurité des pingouins.

À CETTE HEURE, LES MÂLES MAIS AUSSI LES FEMELLES QUI N'ONT PAS ENCORE DE PETITS REVIENNENT EN GROUPE DE LEURS LONGUES HEURES DE PÊCHE. PENDANT CE TEMPS, LES MAMANS ET LES BÉBÉS RESTENT CACHÉS DANS LES ROCHERS DE LA DIGUE.

BRIGHTON BEACH : UN CLICHÉ INCONTOURNABLE

Un peu plus au sud se trouve **BRIGHTON BEACH**, arrêt obligatoire pour prendre une photo. Sur cette plage sont alignées des cabanes, les *Brighton Bathing Boxes*. Elles ont toutes la même forme mais avec des couleurs différentes. Certaines rappellent les couleurs de drapeaux de certains pays, dont celui de l'Australie. Elles ont été construites il y a plus de cent ans, à l'origine pour que les baigneurs puissent se changer à l'abri des regards. Aujourd'hui, les propriétaires y stockent leur matériel de pêche, leurs jouets de plage, des tables et chaises et tout ce qui peut leur servir à passer une bonne journée. C'est devenu un endroit très touristique.

MELBOURNE BEACHES

MELBOURNE / VIC

DAYS 14, 15 — JOURS 14, 15

TORQUAY : LE BERCEAU DU SURF

De l'autre côté de Melbourne, au bord de l'océan, se trouve **TORQUAY**. Les vagues sont au rendez-vous, puisque nous sommes ici en dehors de la baie. C'est un spot parfait pour le surf. Il est d'ailleurs considéré comme le berceau de ce sport en Australie. Sa plage, **BELLS BEACH**, est mondialement connue car il s'y déroule chaque année une compétition internationale de surf. Cette discipline, qui rythme la vie de Torquay, y a même son musée !

Baie ou océan ?

Il y a vraiment beaucoup de plages en Australie, mais toutes ne sont pas situées au bord de l'océan. Certaines sont abritées dans des baies, des étendues d'eau qui s'enfoncent plus ou moins dans les terres. La mer y est en général assez calme puisque des obstacles empêchent les vagues d'arriver. Aussi le sable est-il plus gros que sur les plages de l'océan, car moins exposé à l'érosion.

6 L'ÎLE DANS L'ÎLE

TRAVERSÉE EN BATEAU

De Torquay, nous revenons un peu en arrière jusqu'à **GEELONG**. Nous allons y prendre le bateau qui va nous emmener en **TASMANIE**. C'est une île australienne, tout au sud du pays. Notre bateau s'appelle *Spirit of Tasmania* (*Esprit de Tasmanie*). Il transporte des passagers et des véhicules, dont notre van Bobby. Il partira à 19 h 30 et mettra neuf heures pour traverser la mer qui sépare l'île du continent. Papa et maman ont réservé une chambre pour nous trois. J'aurais préféré avoir une cabine pour moi tout seul ! Une fois Bobby embarqué, nous allons directement nous installer au restaurant du bateau. Miam ! Du *fish and chips* sur la carte ! Je me régale ! Nous allons ensuite nous coucher quand le bateau atteint la pleine mer. Nous accostons en Tasmanie vers 6 h 30 du matin.

POISSON PANÉ ET FRITES
FISH AND CHIPS

NOTRE TOUR DE TASMANIE

La Tasmanie fait la taille de la Suisse. Sa capitale, c'est **HOBART**. Mais le bateau arrive à **DEVONPORT**, à 280 kilomètres au nord. Nous récupérons Bobby à la sortie du ferry, puis nous prenons la route. Nous avons choisi un super itinéraire :

* **CRADLE MOUNTAIN**, un des endroits les plus touristiques de l'île. Un chemin mène au sommet du mont Cradle, mais il est très difficile. En plus, il fait vraiment très froid ici. Maman préfère qu'on se balade plutôt au pied de la montagne. On croise plein de wombats qui se promènent dans les herbes. Mais aucune trace du diable de Tasmanie, qui est pourtant l'animal emblématique de l'île !

L'Overland track, une randonnée mythique

La Tasmanie attire beaucoup de touristes, car elle est très différente du reste du pays. Mais elle fascine surtout les randonneurs. Une longue randonnée permet de découvrir une partie de l'île. C'est l'**OVERLAND TRACK**, qui traverse le **CRADLE MOUNTAIN NATIONAL PARK**. Plusieurs jours sont nécessaires pour parcourir ses 65 kilomètres. Les marcheuses et marcheurs partent donc avec un gros sac à dos chargé de tout ce qu'il faut pour manger et dormir pendant 6 jours. Cette randonnée est considérée comme difficile à cause du climat. Sur une même journée, on peut connaître toutes les météos.

THE ISLAND ON THE ISLAND

LA TASMANIE / TAS

DAYS 16 TO 18 — JOURS 16 À 18

* **LAUNCESTON**, la deuxième plus grosse ville. Nous nous promenons le long des gorges de la rivière **ESK**. Puis nous passons sur un pont suspendu, **ALEXANDRA SUSPENSION BRIDGE**, et arrivons dans un parc aménagé autour d'une piscine. Elle est gratuite, mais il fait bien trop froid pour se baigner. C'est l'hiver : on le sent bien, ici !

* **BAY OF FIRES**, une longue côte de plages de sable fin et blanc, à l'est de la Tasmanie. L'eau y est turquoise, et les rochers ont des teintes orangées. C'est pour cela qu'on l'appelle **BAY OF FIRES**, ce qui veut dire « Baie des feux » !

* **LE PARC NATIONAL FREYCINET**. Il abrite un endroit très connu et super beau : le **WINEGLASS BAY LOOKOUT**. De là, on a une vue magnifique sur la plage du même nom, **WINEGLASS BAY**. La mer paraît turquoise. Quelques belles randonnées démarrent ici. Certaines se font sur plusieurs jours.

* **HOBART**, la capitale de la Tasmanie. On dirait une ville tout droit sortie d'un livre de magie, avec ses vieilles bâtisses en pierre grise et ses innombrables bateaux !

Le tigre de Tasmanie

Aussi appelé « loup de Tasmanie » ou « thylacine », cet animal a, hélas, complètement disparu depuis les années 30. Bien qu'il ressemble à un loup, il n'a aucun lien avec ce canidé. C'est un marsupial, c'est-à-dire un mammifère dont les bébés se développent dans une poche, comme les kangourous, les koalas…

7 VERS ADÉLAÏDE

LA GREAT OCEAN ROAD

De retour sur le continent. Nous prenons la route vers l'ouest pour rejoindre la **GREAT OCEAN ROAD**. C'est une route côtière de plus de 240 kilomètres entre Torquay et **ALLANSFORD**, avec des points de vue spectaculaires tout du long. Elle attire des visiteurs du monde entier. L'endroit le plus connu s'appelle **THE TWELVE APOSTLES** (les 12 apôtres). Il s'agit de 12 aiguilles de roches, séparées des falaises du fait de l'érosion. En fonction de l'endroit où l'on se place, on en voit 4 d'un côté et 7 de l'autre, soit un total de... 11. Mais où est la douzième ? Eh bien, elle s'est effondrée en 2015 !

Le site reste très beau malgré tout, surtout au moment du coucher du soleil, car les rochers prennent alors une teinte orangée.
Un des autres points d'intérêt sur cette route, c'est le **LONDON BRIDGE**. Rien à voir avec celui de Londres, bien sûr, puisqu'ici c'est un pont naturel. Mais il n'en reste pas grand-chose. Il paraît qu'avant, il s'agissait d'une double arche rocheuse au bout d'une falaise. Puis, en 1990, une partie s'est effondrée, laissant la deuxième arche seule, à l'écart des falaises continentales.

MA PLAGE PRÉFÉRÉE

La route est bordée de très nombreuses plages. Impossible de s'arrêter à chaque fois ! Sur la Great Ocean road et jusqu'à **WARRNAMBOOL**, il s'agit plutôt de petites criques rocheuses, avec de l'eau cristalline. Plus loin, les plages deviennent sableuses et plus étendues.
Ma préférée, c'est **SOUTHEND**. L'eau y est tellement turquoise ! On dirait que quelqu'un a mis des colorants dedans !

TOWARDS ADELAIDE

LA GREAT OCEAN ROAD ET APRÈS

DAYS 19 TO 21   JOURS 19 À 21

DANS LES CHAMPS QUI LONGENT LA ROUTE, DES KANGOUROUS SONT TRANQUILLEMENT EN TRAIN DE BROUTER. ILS CESSENT BRIÈVEMENT DE BOUGER POUR ÉVALUER SI NOUS REPRÉSENTONS UN DANGER, PUIS ILS REPRENNENT LEURS ACTIVITÉS QUAND ILS ESTIMENT QU'ILS SONT EN SÉCURITÉ. CERTAINS JOUENT À SE BOXER. C'EST ASSEZ VIOLENT, JE N'AIMERAIS PAS ME BATTRE AVEC EUX !

UNE CÔTE PLUS SAUVAGE

C'est sur cette route que je rencontre le plus d'animaux sauvages typiquement australiens, dont les koalas. Ils sont assez difficiles à voir car ils dorment de dix-huit à vingt heures par jour et sont actifs principalement la nuit. En journée, ils dorment en boule au creux de branches hautes. Ce sont donc des masses rondes et immobiles qu'il faut chercher. Une fois que j'en trouve un, j'en aperçois plusieurs, dans différents arbres. L'un d'eux est réveillé, il tourne vers moi sa tête de petit ourson. Trop mignon ! Soudain, un échidné traverse la route. Heureusement que nous ne roulons pas vite ! Maman se gare et nous nous arrêtons pour l'observer. On dirait un hérisson avec un grand nez !

Attention, danger !

Lorsque nous avons pris Bobby, le loueur a dit à Papa qu'il ne fallait pas conduire une fois la nuit tombée. C'est trop dangereux à cause des animaux qui sont plus actifs au coucher et au lever du soleil : les kangourous, les wombats, les koalas... Pour les éviter, le conducteur freine d'un coup et peut perdre le contrôle de son véhicule. Même s'ils ne sont pas très grands, les wombats sont très robustes. Entrer en collision avec l'un d'eux, c'est comme foncer dans un rocher. Même chose avec les kangourous, qui ont, en plus, tendance à être attirés par les feux des voitures... Alors, prudence !

ZOOM AUSTRALIE

LA FAUNE AUSTRALIENNE

♡ Une faune unique et variée

Il y a plein d'animaux sauvages en Australie : les koalas, les kangourous, les échidnés, les ornithorynques, les casoars, les quokkas, les wombats, les diables de Tasmanie… La majorité d'entre eux sont endémiques, c'est-à-dire qu'on ne les trouve qu'ici (en dehors des zoos dans le monde, bien sûr). Cela est dû aux phénomènes géologiques qui ont séparé l'Australie du reste des continents, il y a très longtemps. Après la dérive des plaques tectoniques, l'Australie n'a plus jamais été au contact d'autres terres. Alors les animaux qui étaient apparus ici sont restés.

♡ Des animaux mignons

Beaucoup de ces animaux endémiques ressemblent à des peluches qu'on aimerait serrer fort contre soi. Les Australiens appellent le koala « **koala bear** » car il ressemble vraiment à un petit ourson tout doux. Pourtant, il ne fait pas partie de la famille des ours, mais de celle des marsupiaux. Leurs bébés sont encore plus adorables.
Les kangourous et wallabies (des sortes de kangourous de petite taille) sont aussi trop mignons, surtout quand leur bébé laisse sa tête sortir de la poche de sa maman.

♡ Qui s'y frotte s'y pique !

Sais-tu qu'il y a plus d'espèces de serpents venimeux que de non venimeux en Australie ? Le pire, c'est que certains d'entre eux attaquent au lieu de fuir quand on s'approche. C'est le cas du **brown snake**, qui est très agressif. Dans certaines régions d'Australie, il est fortement déconseillé de se baigner car il y a

THE AUSTRALIAN WILDLIFE

casoar

ornithorynque

crocodile

trop d'animaux dangereux : les énormes crocodiles de mer, les méduses, les requins…

Le pays est également connu pour ses araignées mortelles. L'*Atrax robustus*, **Sydney funnel web spider** en anglais, est la plus dangereuse de toutes. C'est même l'araignée la plus dangereuse du monde ! **Funnel web** veut dire « toile entonnoir ». En fait, cette grosse araignée fabrique des toiles très typiques en forme d'entonnoirs dans les trous du sol, des rochers ou des arbres. Quand on en trouve une, il faut essayer de la capturer dans une boîte pour l'apporter à un vétérinaire. Il s'occupera de récupérer son venin pour fabriquer un antidote, utile en cas de morsure.

On dirait que les animaux australiens veulent se débarrasser des humains ! Même les animaux qui paraissent mignons peuvent en réalité être très dangereux. Par exemple, les kangourous, qui sont très musclés, s'appuient sur leur queue pour frapper violemment avec leurs pattes arrière. Mieux vaut ne pas les embêter !

♡ Une faune hélas en danger

Les animaux australiens sont fortement impactés par les activités humaines et le réchauffement climatique. Nombre d'entre eux sont aujourd'hui en danger ou en voie d'extinction. Les feux ravageurs de 2019 ont détruit 20 % de leur habitat forestier et près d'un milliard d'animaux y ont perdu la vie, sans compter les quelques autres milliards qui ont été forcés de se délocaliser. De nombreux oiseaux ont aussi quitté le pays. C'est une véritable catastrophe !

8 UNE PETITE VILLE POUR LES GRANDS

UNE CAPITALE TRANQUILLE

ADÉLAÏDE est la capitale de l'État de l'Australie méridionale, **South Australia** en anglais. Elle est trois fois plus petite que Melbourne, et quatre fois moins peuplée ! Contrairement aux autres grandes villes d'Australie, elle n'a pas été créée par des prisonniers, mais par des familles riches, de diverses religions. C'est pour ça qu'il y a des monuments religieux partout et qu'elle est surnommée « **City of Churches** » (la ville des églises). Elle abrite aussi de nombreux musées et bâtiments historiques. Son centre est entouré de parcs. Sur la carte, ça forme un anneau vert autour de la ville dans lequel on distingue un zoo et une zone dédiée à l'accrobranche. Je suis trop content d'y faire un tour après cette longue balade dans les rues !

LE VIN ET LE FROMAGE

Ici, mes parents sont ravis ! Tout semble tourner autour du vin et du fromage, il y a des panneaux publicitaires partout à ce sujet. C'est sûrement parce qu'il y a beaucoup de **wineries** (vignobles) autour d'Adélaïde, par exemple la **BAROSSA VALLEY** et **MAC LAREN VALE**. Les gens s'y rendent pour faire des dégustations de vin en savourant des planches de fromages locaux et de charcuteries.

DÉGUSTATION
TASTING

A SMALL CITY FOR GROWN-UPS

ADELAIDE / SA

DAYS 22, 23 — JOURS 22, 23

ENTRE MONTAGNES ET MER

Adélaïde est située entre la montagne et la mer. Il y a des zones montagneuses à l'est de la ville, qui s'étendent sur plus de 1 000 kilomètres vers le nord. Le point culminant le plus proche de la ville, c'est le sommet du **MONT LOFTY** (*Mount Lofty summit*), à 748 mètres. De l'autre côté, à l'ouest, on trouve de belles plages, comme celle de **GLENELG**. L'eau y est très froide mais très claire. Au coucher du soleil, les gens viennent prendre un verre dans l'un des nombreux bars installés sur le sable. C'est paradisiaque !

Les zoos

Avec mes parents, nous allons visiter un zoo. Il y en a beaucoup en Australie. C'est surprenant vu la quantité d'animaux sauvages qu'on peut voir dans la nature. Plein de gens disent qu'il ne faut pas aller dans les zoos, que ce n'est pas bien pour les bêtes. Mais en fait, un soigneur nous explique que la majorité des parcs zoologiques en Australie sont des refuges ou des parcs de conservation d'espèces. Ces *sanctuaries* recueillent et soignent les animaux blessés qui ne peuvent pas retourner à l'état sauvage. Pour payer leurs soins et leur nourriture, leurs propriétaires font alors payer l'entrée, comme dans un zoo. Les parcs de conservation permettent d'aider les espèces en danger à se reproduire dans un but de préservation. Ils font aussi beaucoup d'éducation pour que les gens comprennent pourquoi c'est important de respecter l'environnement dans son ensemble. Je ferai plus attention au type de parc animalier que je visite, maintenant !

9 LA VILLE MINIÈRE

COMME UNE VILLE DE COW-BOYS

Nous avons remonté l'État de l'Australie méridionale jusqu'à **COOBER PEDY** qui se trouve en plein désert. On ne voit presque aucune végétation à part de petites herbes sèches ! Rien d'autre ne semble pousser ici. Ceci est dû au fait qu'il ne pleut quasiment jamais et il est demandé aux habitants d'éviter d'arroser à cause du prix de l'eau. De toute façon, les sols ne sont pas assez riches pour que des végétaux y grandissent. En plus de n'avoir aucun arbre, le paysage est très plat. On se croirait dans un western !

LES MINES D'OPALE

Par endroits, il y a des gros tas blancs, comme des pyramides. En fait, ce sont les résidus de forages provenant des mines d'opales dans les environs. Contrairement à beaucoup de villes de ce type en Australie, les mines de Coober Pedy sont encore actives et produisent d'ailleurs la plupart des opales blanches dans le monde. Je me demande pourquoi on appelle ça des opales blanches, moi, je les vois presque bleues.

Les opales

L'opale est la pierre typique de l'Australie. Elle est extraite de mines dans l'intérieur du pays, comme à Coober Pedy. Sa particularité est d'être irisée, c'est-à-dire que selon l'angle sous lequel on la regarde, elle présente plusieurs couleurs en même temps. Le bleu et le vert, presque fluorescents, sont celles que l'on voit le plus. L'opale provient de réactions chimiques dans les roches profondes des sols de régions arides. 90 % des opales du monde sont originaires d'Australie, et principalement de l'État de l'Australie méridionale.

OPALE
OPAL

THE MINING TOWN

COOBER PEDY / SA

DAYS 24, 25 — JOURS 24, 25

LES MAISONS TROGLODYTES

Nous descendons… sous terre ! La ville est partiellement souterraine, ça permet de résister à la chaleur extrême de l'été et au froid intense de l'hiver. Ici, la température est toujours la même. En fait, nous sommes dans une ancienne mine d'opale qui a été transformée. C'est incroyable, il y a une école, des boutiques et même un camping ! On peut aussi emprunter des galeries pour aller visiter d'autres parties de la ville !

FIFO : la vie dans les airs

En Australie, il est commun d'avoir recours au FIFO, c'est-à-dire « *Fly In Fly Out* ». Il s'agit de prendre l'avion pour aller travailler chaque semaine. Généralement, les travailleurs partent le lundi et rentrent le vendredi soir. Beaucoup de mineurs sont concernés par le FIFO mais c'est aussi le cas de tous ceux qui sont employés dans des villes peu attractives. Les distances sont tellement grandes entre leur lieu de travail et leur maison qu'ils sont obligés de prendre l'avion.

10 ULURU

L'OUTBACK AUSTRALIEN

Après huit heures de voiture dans le désert, nous sommes vraiment contents d'arriver dans l'État des Territoires du nord (**NORTHERN TERRITORIES**). Les sols sont encore plus rouges. D'ailleurs, cette région s'appelle le Centre Rouge (**RED CENTRE**). La terre a cette couleur en raison de la grande quantité de fer qu'elle contient. Ça ressemble à de la rouille. Je comprends mieux pourquoi tous les véhicules que nous avons croisés étaient tachés ! Rien qu'en roulant quelques minutes sur ces routes, Bobby a pris une coloration rougeâtre au-dessus des roues.

UN LIEU SACRÉ POUR LES PEUPLES ABORIGÈNES

Aujourd'hui, nous allons voir **ULURU**, un des endroits les plus emblématiques du pays. C'est cet énorme caillou rouge que l'on voit souvent dans des magazines parlant de l'Australie. Il mesure 348 mètres de haut et son tour fait 9,4 kilomètres. Pour nous, c'est juste un rocher très connu à la couleur inhabituelle, mais, pour les peuples qui vivent là depuis des générations, c'est un lieu sacré. En fait, pour la tribu Anangu, propriétaire des terres locales, c'est ici que reposent les esprits de leurs ancêtres. Par respect pour eux, il est maintenant interdit de monter sur Uluru. De toute façon, je n'aurais pas eu envie, c'est bien trop vertigineux et dangereux !

ULURU

LE CENTRE ROUGE / NT

DAYS 26 TO 28 — **JOURS 26 À 28**

RENCONTRE AVEC DES DROMADAIRES

Dans cette région, pas de koala ni de wombat, mais un animal que je ne m'attendais pas à voir en Australie : le dromadaire ! D'ailleurs, le centre de l'île en abrite près de 750 000 (plus d'un million sur l'ensemble du territoire) : la plus grande population au monde ! Sa silhouette à une bosse remplace d'ailleurs les kangourous sur les panneaux de signalisation. Bien sûr, ils ne sont pas originaires d'ici, ils ont été introduits au XIXe siècle. Mais aujourd'hui, leur grand nombre pose parfois un problème en période de sécheresse, car ils boivent beaucoup et épuisent les réserves d'eau.

Le climat du désert

Le climat, ici, est extrême. Il y a 4 saisons. L'automne et le printemps sont les meilleures périodes pour venir, car il ne fait ni trop chaud ni trop froid. Alors qu'en été (de décembre à mars), il fait excessivement chaud, et qu'en hiver, il fait bon, voire chaud, en journée, mais très froid la nuit.

La végétation du désert

Je croyais que le désert se caractérisait par son manque d'eau et de végétation, comme à Coober Pedy. Mais, en fait, il y a des plantes partout ici. Ce sont surtout des arbustes et des hautes herbes. Les feuilles qui poussent sont toutes petites.

10 KATA TJUTA

ARRÊT PHOTO INCONTOURNABLE

Nous nous réveillons très tôt pour aller voir le lever de soleil sur Uluru. Le meilleur point de vue pour l'admirer se trouve justement sur la route pour aller à notre prochaine destination. Il est 5 h 30 et il fait très froid. Je ne m'attendais pas à une telle température. Lorsque nous arrivons, il y a déjà beaucoup de monde et chacun essaye de se frayer un chemin pour avoir la meilleure place. À 5 h 45, ça y est, le soleil pointe le bout de son nez. Uluru est loin mais apparaît encore plus rouge que ce qu'il est en réalité. C'est superbe !

Attention au coup de chaud !

Dans tout le parc national de **ULURU-KATA TJUTA**, il y a des panneaux rappelant de faire attention à certaines choses, notamment au coup de chaud. La différence de température est tellement grande entre le matin tôt et la pleine journée qu'il n'est pas rare de partir marcher en se disant que ça va être supportable et de friser ensuite l'insolation. Les rappels de sécurité indiquent de ne pas commencer une randonnée après 11 h, et de toujours avoir suffisamment d'eau avec soi. Il vaut mieux les suivre !

KATA TJUTA

LE CENTRE ROUGE / NT

DAYS 29, 30   JOURS 29, 30

PROMENONS-NOUS DANS DES GORGES !

KATA TJUTA est l'autre gros point d'intérêt du parc national. Comme Uluru, c'est un énorme rocher rouge sacré, mais celui-ci a une forme moins homogène. Des canyons dans lesquels on peut se balader le séparent en plusieurs parties. Nous sommes venus très tôt ce matin, car il fera trop chaud après, même si c'est l'hiver. Le plus connu des chemins s'appelle **VALLEY OF THE WINDS**. Cette randonnée n'est pas très longue, à peine plus de 7 kilomètres. Mais elle est difficile, car c'est très pentu par endroits. Heureusement que ce n'est pas mouillé, ce serait très glissant sinon !

La solidarité australienne

Lorsque nous quittons le Centre Rouge, nous roulons sur une longue route toute droite qui ne semble jamais finir. Bobby fait un bruit bizarre. Papa arrête le véhicule sur le côté. Nous sortons pour voir ce qu'il se passe. Nous n'avons même pas le temps de faire le tour complet de Bobby que quelqu'un s'arrête derrière nous. Un monsieur sort de sa voiture et vient nous demander ce qui nous arrive. Il aide alors Papa à inspecter le véhicule.
Même pas deux minutes après, une seconde voiture s'arrête. Un autre inconnu vient nous proposer son aide. Ensemble, ils voient que le problème est dû à une trop grande quantité de terre collée aux roues et freins. Ils nous aident à retirer l'excès. Puis ils repartent, satisfaits d'avoir pu nous rendre service. C'est très courant, en Australie, de dépanner des inconnus, surtout quand ils semblent en difficulté dans des endroits reculés.

LES ABORIGÈNES

étoiles — traces de kangourou — dune ou nuage — lieu de réunion

♡ Les indigènes d'Australie

Pour parler des peuples autochtones d'Australie, on utilise souvent le mot Aborigènes. Mais ceux-ci ne représentent qu'une partie de ces individus. Il y a aussi les indigènes du détroit de Torrès. La différence dépend de leur localisation. Les premiers sont originaires de toute l'Australie continentale, de la Tasmanie et des îles, tandis que les seconds viennent, comme leur nom l'indique, du détroit de Torrès. On utilise communément le mot Aborigènes pour les désigner tous, alors qu'ils représentent plus de 250 nations autochtones différentes, avec leur culture, leurs coutumes et leur langue…

♡ Une triste histoire

Les Aborigènes sont les premiers peuples d'Australie et, à en croire de récentes études, ils seraient la plus vieille civilisation du monde, apparue pendant la préhistoire, il y a 75 000 ans! Comme l'Australie est un continent isolé, ils ont longtemps vécu coupés du monde jusqu'à la colonisation de l'Australie à la fin du XVIIIe siècle. L'arrivée des Anglais a été particulièrement brutale pour eux : ils ont été agressés, chassés de leur lieu de vie et décimés par les maladies européennes. Au début du XXe siècle, ce sont même des dizaines de milliers d'enfants aborigènes qui sont enlevés par le gouvernement et placés dans des orphelinats ou des familles de colons pour être élevés selon les standards européens. On parle de la génération perdue (**Stolen Generation**). Quelques actions ont été mises en œuvre, pour essayer de lutter contre

THE ABORIGINAL PEOPLE

le racisme et reconnaître ces peuples, comme l'obtention d'un drapeau officiel en 1972, par exemple. Mais les Aborigènes restent encore majoritairement discriminés aujourd'hui.

♡ Leur répartition

Les Aborigènes représentent 3 % de la population australienne. Ils vivent principalement dans les villes de l'est du pays, alors que la plupart des gens pensent qu'ils sont dans l'intérieur des terres. Le découpage de l'Australie par les Aborigènes est très différent de la carte administrative du pays. Elle est beaucoup plus subdivisée. Chaque petite partie s'appelle un **country**. Il y en a environ 500, et chacun d'eux a son propre nom, sa culture, ses lois, ses traditions et sa langue. Mais la plupart des Aborigènes parlent aussi le **kriol**, une sorte de créole anglais.

♡ Leur culture

Les Aborigènes, en voie d'intégration économique et sociale en Australie, conservent un mode de vie proche de la nature. Le boomerang, qu'on utilise comme jouet en France, était en fait une arme de chasse. Leur art est très connu : leurs peintures racontent l'histoire de leur terre et de leur peuple. Ils utilisent une technique très spéciale à base de points et de traits. Ces œuvres valent aujourd'hui très cher. Dans les magasins de souvenirs en Australie, on peut trouver des objets inspirés de l'art aborigène : des tasses, des porte-clefs, des tee-shirts… L'autre chose typique, c'est le didjeridoo, un instrument de musique à vent. Il aurait été inventé il y a plusieurs dizaines de milliers d'années. On l'entend dans les musiques aborigènes mais aussi dans certaines chansons d'Australiens blancs, comme Xavier Rudd.

11 L'AUSTRALIE ÉQUATORIALE

LA VILLE DES ÉCLAIRS

Une fois la nuit tombée à **DARWIN**, le ciel est déchiré d'éclairs. Quand l'un s'éteint, un autre prend le relais : ça ne s'arrête pas ! On entend le tonnerre devenir de plus en plus fort et régulier. Puis, d'un coup, une grosse pluie se met à tomber. Elle ne dure jamais très longtemps mais elle trempe tout. À cette période, ce n'est pas classique, car c'est la saison sèche, et, normalement, ce type de météo se rencontre plutôt pendant la saison humide (entre novembre et avril). Mais il y a parfois des exceptions comme aujourd'hui. Les orages peuvent, quant à eux, survenir toute l'année. Darwin est d'ailleurs le lieu d'Australie où il y a le plus d'éclairs par an.

LES ABORIGÈNES DANS LA VILLE

Depuis que nous sommes en Australie, on n'a jamais vu autant d'aborigènes dans la ville. En fait, les seules fois où on en croisait jusqu'à maintenant, c'était dans les galeries d'art ou dans les endroits dont ils sont traditionnellement propriétaires, comme Uluru et Kata Tjuta. À Darwin, ils sont vraiment très présents. Hélas, ceux que nous avons vus semblent en grande difficulté sociale.

EQUATORIAL AUSTRALIA

DARWIN / NT
DAYS 31 TO 33 — **JOURS 31 À 33**

À LA RECHERCHE DES CROCODILES !

À une heure trente à l'est de Darwin se trouve le **KAKADU NATIONAL PARK**. C'est une immense réserve naturelle connue notamment pour ses peintures rupestres aborigènes préhistoriques qu'on peut observer à **UBIRR**, et pour ses énormes cascades. Sa surface est tellement grande que nous y passons deux jours afin d'avoir le temps de le parcourir. Il paraît qu'il y a des crocodiles énormes ! On nous a dit de faire attention car ils sont très agressifs et rapides, donc il faut éviter de marcher trop près de l'eau. Nous restons sur les chemins indiqués et, d'un coup, j'en aperçois un ! Sa tête dépasse de la surface de l'eau. On dirait un tronc d'arbre tellement il est immobile ! J'ai peur !

ET UN PARC NATIONAL DE PLUS !

Après Kakadu, nous filons à **LITCHFIELD** qui se trouve à une heure au sud de la ville. Les habitants de Darwin apprécient d'y aller pour passer l'après-midi car le parc est beaucoup plus petit. Ici aussi, il y a des crocodiles, mais ils vivent dans l'eau douce. Ils sont bien moins gros et agressifs que ceux de Kakadu. Ce que j'aime particulièrement, ici, ce sont les piscines naturelles creusées avec le temps dans les cours d'eau. On s'y baigne après une balade en plein soleil et ça fait du bien !

MÉDUSES — **JELLYFISH**

Nager à Darwin et ses alentours

Il fait très chaud à Darwin, même pendant la période hivernale. Ce serait bien de pouvoir se rafraîchir, d'autant qu'il y a de très belles plages de sable blanc au bord d'une eau turquoise au nord de la ville. L'eau y est à une température super agréable. Hélas, il est interdit de s'y baigner, car c'est trop dangereux. Des crocodiles rôdent dans les environs. Il y a aussi des méduses mortelles toutes petites, et donc difficiles à voir et à éviter. Heureusement, il y a une plage en plein centre-ville, avec des vagues artificielles.

12 LA GRANDE BARRIÈRE DE CORAIL

ESPLANADE LAGOON

CAIRNS est situé au bord de la mer de Corail, au nord-est de l'Australie, dans l'État du **QUEENSLAND**. Il y fait chaud toute l'année, mais, en ce moment, c'est la meilleure période, c'est-à-dire la saison sèche, qui va d'avril à octobre. Le reste de l'année est plus humide, avec un risque de cyclones et une température ressentie toujours bien plus élevée. Hélas, même si la mer est juste là, sous nos yeux, et qu'il fait très chaud, on ne pourra pas s'y baigner non plus, c'est trop dangereux, comme à Darwin ! Je suis déçu ! Heureusement, il y a un lagon artificiel (**ESPLANADE LAGOON**) où l'on peut nager sans s'inquiéter des requins. À l'heure du goûter, ça fait du bien de se reposer un peu sur la grande pelouse, à l'ombre des arbres.

UN VOL ÉPOUSTOUFLANT !

J'avais vraiment hâte de venir ici pour voir la **GRANDE BARRIÈRE DE CORAIL**. Pour la survoler, nous prenons un petit avion 6 places au départ de Cairns. Pendant une heure, il nous emmène au large, au-dessus d'une partie de ce monument naturel. J'avais vu plein de photos sur Instagram avant de venir, mais c'est vraiment plus beau en vrai. Lorsque l'avion vole juste au-dessus, on peut même apercevoir des tortues et des raies au milieu de l'eau turquoise. Une expérience magique !

THE GREAT BARRIER REEF

DAYS 34 TO 39 — **CAIRNS / QLD** — **JOURS 34 À 39**

PLONGÉE EN EAUX CLAIRES

Après cette première découverte, j'ai envie d'explorer la Grande Barrière de corail en allant y nager. Mais, comme elle est loin de la côte, il faut prendre un bateau. Nous partons donc sur un petit ferry touristique pour la journée complète. L'équipage nous arrête à différents endroits pour que nous puissions plonger avec des palmes, un masque et un tuba. Je vois des poissons de toutes les tailles et de toutes les couleurs. C'est magnifique ! Et la température de l'eau est parfaite !

Attention aux crocos !

Les alentours de Cairns sont parsemés de très jolies plages d'eau calme et turquoise. Mais il est déconseillé de s'y baigner, ou de s'en approcher, à cause des crocodiles. À l'origine, ces animaux vivaient plutôt dans les rivières, mais, au fil du temps, ils se sont adaptés à l'eau salée, et on les trouve alors aussi dans la mer. Même quand on ne les voit pas, il faut faire très attention, car eux nous ont sûrement déjà repérés. Non seulement ils sont très rapides dans l'eau, mais ils peuvent aussi courir sur quelques mètres sur le sable. Décidément, pas simple, la baignade, dans cette partie nord du pays !

12 AU CŒUR DE LA FORÊT TROPICALE

TOUTE UNE AVENTURE !

Pas loin de Cairns se trouve un village au sommet d'une haute colline dans la forêt tropicale : **KURANDA**. Pour y aller, nous prenons un téléphérique – le **Skyrail Rainforest Cableway** – au départ de **SMITHFIELD**. Nous montons dans la cabine ; l'ascension va durer une heure trente ! Quand nous arrivons à destination, nous nous promenons dans le petit centre tranquille et ombragé. Le cœur s'appelle **Kuranda Heritage Markets**. Ce sont des ruelles colorées avec des restaurants, des boutiques de produits locaux, des bijoux… Il y a aussi des parcs animaliers :

Birdworld Kuranda pour voir des oiseaux uniques, **Australian Butterfly Sanctuary** avec des papillons géants, et **Kuranda Koala Gardens** pour découvrir des koalas mais aussi d'autres animaux australiens. Au retour, nous prenons le **Kuranda Scenic train**. Sa locomotive est bleue avec des dessins très colorés, et ses wagons sont rouges et blancs. Le trajet dure également une heure et demie jusqu'à la station de **FRESHWATER** d'où nous prenons un bus pour retrouver Bobby.

INSIDE THE RAINFOREST

DAYS 40 TO 42 — **JOURS 40 À 42** — **CAIRNS / QLD**

LE ROI DE LA JUNGLE !

La forêt tropicale (**rainforest**) est caractérisée par une grosse quantité de pluies. La végétation est donc très différente de ce que nous avons en Europe. On y trouve des palmiers, des fougères géantes, des bananiers, des arbres de plusieurs dizaines de mètres de haut... Il y a au total plus de 3 000 espèces de végétaux différents ! Cette forêt est la plus vieille du monde : son apparence et sa composition n'ont pas changé depuis plusieurs dizaines de millions d'années. C'est incroyable ! Dans la cabine du téléphérique, nous passons au-dessus et nous admirons sa canopée comme si nous étions des oiseaux ! Au retour, le train nous fait passer à l'intérieur. On voit vraiment la jungle sous toutes ses coutures !

Fichus moustiques !

Les moustiques sont aussi très présents en Australie, particulièrement dans les régions humides comme celle de Kuranda. Ils peuvent transmettre plein de maladies contre lesquelles il n'existe pas de remède. Il faut donc bien se protéger de leurs piqûres. Nous pulvérisons des produits à base de citronnelle sur nos vêtements et notre peau. Quand nous nous promenons dans des endroits où il y a beaucoup de moustiques, nous portons des habits qui couvrent suffisamment le corps.

IMPRESSIONNANTE RENCONTRE !

Pendant le trajet en train, nous croisons un casoar ! De nombreux panneaux de signalisation indiquent d'ailleurs la présence de cet étrange oiseau. La couleur bleue intense de sa tête et de son cou a attiré notre attention. Au sommet de son crâne, il a une sorte de corne qui forme un casque. Ses pattes sont énormes ! Il a une griffe très longue et aussi coupante qu'une lame de couteau. Si le casoar se sent en danger, il est capable de tuer son adversaire juste d'un coup de patte. Oups ! Cet oiseau ne peut pas voler, car il est énorme : il mesure presque 2 mètres de haut ! Nous avons eu beaucoup de chance d'en voir un.

LA CUISINE AUSTRALIENNE

ZOOM AUSTRALIE

lamingtons

♡ Des influences anglaises

L'Australie n'est pas vraiment réputée pour sa gastronomie. En même temps, venant de France, on met la barre haut! La cuisine australienne est basée sur les spécialités britanniques :
- **fish and chips :** morceaux de poisson panés accompagnés de frites.
- **bacon and egg roll :** burger avec de l'œuf (soit en omelette soit au plat), du bacon, et parfois d'autres ingrédients (tomate et salade). C'est très apprécié pour le petit-déjeuner ou en cours de matinée, quand on a un petit creux.
- **scones :** ces petits pains d'origine écossaise font aussi fureur ici, dégustés avec du beurre et/ou de la confiture, avec le café ou le thé.
- **hamburgers divers :** il existe plein de restaurants spécialisés dans les hamburgers, avec des options de personnalisation à l'infini, même pour les végétariens et les végétaliens.

♡ Quelques rares spécialités

Il n'existe pas beaucoup de produits ou plats typiquement australiens. La **viande de kangourou** est bien sûr ce qu'il y a de plus caractéristique, puisqu'on n'en trouve qu'ici. Voici quelques autres spécialités :
- **les lamingtons :** des génoises enrobées de chocolat et noix de coco râpée.
- **la pavlova :** une énorme meringue sur laquelle sont disposés des fruits rouges. (Les Néo-Zélandais disent aussi que cette spécialité vient de chez eux !)

AUSTRALIAN FOOD

- **la vegemite :** pâte de levure que les gens étalent sur du pain beurré. La première fois que j'y ai goûté, j'ai fait comme avec de la pâte à tartiner au chocolat, j'en ai pris une grosse cuillérée. Et j'ai trouvé ça dégoûtant! Mais, après, Lucie m'a montré comment faire, et en a mis juste un tout petit peu sur une tartine, et là, c'était bien meilleur!

♡ Le voyage dans la cuisine

Ce qui est intéressant en Australie, c'est qu'il y a énormément de restaurants étrangers : les thaïlandais, indiens, italiens et japonais sont les plus courants. C'est lié au fait qu'il y a beaucoup d'habitants venant de ces pays. À Melbourne et dans certains quartiers de Sydney, on trouve aussi une quantité d'établissements grecs, justement parce que ce sont des endroits où vivent beaucoup de ressortissants de ce pays.

♡ Et notre cuisine alors ?

Les Français qui habitent ici ne sont pas trop dépaysés car il existe plusieurs options pour manger « comme à la maison ». D'abord, il est possible de trouver plein de produits de chez nous dans les supermarchés, comme le fromage. Puis quelques boulangeries et restaurants français sont répartis dans le pays, principalement dans les grandes villes. Mais les prix pratiqués sont très élevés, parce qu'ils importent des produits de l'étranger. Cela donne une image de la gastronomie de luxe.

13 UNE STATION BALNÉAIRE CHIC

ENTRE EAU ET FORÊT

NOOSA est un village situé sur une pointe de terre encerclée d'eau : océan, bras de mer, lac, canaux... Mais on y trouve aussi beaucoup de verdure, dont une grande forêt au cœur de la ville. Nous profitons d'être là pour faire du surf. Chaque plage a son type de vagues, il y en a pour tous les niveaux ! La température de l'eau est tellement agréable que nous décidons de continuer les activités aquatiques et louons un **stand-up paddle**. C'est comme une planche de surf, mais beaucoup plus grande, sur laquelle on peut rester debout tout le temps. Elle s'utilise avec une rame. Après ces activités aquatiques, nous nous promenons dans la rue principale de **NOOSA HEADS**. Les boutiques semblent très chics. Les terrasses des restaurants et bars exposées au soleil sont pleines de monde. J'ai du mal à croire que c'est l'hiver !

Les parcs nationaux

Ici, il y a des parcs nationaux un peu partout. C'est le pays du monde qui en compte le plus grand nombre. Certains sont tout petits, d'autres immenses. Ils sont faciles à reconnaître par leurs noms : ils portent tous la mention **NATIONAL PARK**, par exemple **NOOSA NATIONAL PARK**. Leur but est de préserver la nature qui s'y trouve mais aussi les vestiges historiques, parfois.

A TRENDY SEASIDE TOWN

DAYS 43 TO 47

NOOSA / QLD

JOURS 43 À 47

MAIS OÙ SONT LES KOALAS ?

Nous continuons la journée dans la grande forêt du parc national. Les arbres y sont principalement des eucalyptus. Pendant que nous nous promenons, nous gardons la tête en l'air pour essayer de voir des koalas, car ils vivent dans les branchages. Mais, après une heure de promenade, nous avons juste réussi à avoir un début de torticolis ! Nous allons jusqu'à **HELL'S GATE**, une haute falaise creuse dans laquelle les vagues s'engouffrent en produisant un fort grondement. Son nom signifie « portail de l'enfer ». Puis nous retournons jusqu'au centre de Noosa en suivant le chemin qui longe l'eau. On passe par de bien jolies criques, comme **TEA TREE BAY BEACH**. Cette marche était sympa mais je suis déçu de ne pas avoir croisé de koala.

SURPRISE À LA PLAGE !

En arrivant sur la plage centrale de Noosa, on remarque que des gens regardent en l'air vers un eucalyptus isolé. Un koala est posé au creux d'une branche ! C'est surprenant de le voir ici, sur un arbre si proche de la route et de la plage alors qu'il y a une grande forêt juste à côté. Un ranger est là pour s'assurer que personne ne l'embête. Nous avons de la chance car il n'est pas endormi. Il regarde autour de lui, parfois vers tous ces curieux qui l'observent. Il doit se demander pourquoi autant de monde est là !

Les rangers

Les rangers, en Australie, s'assurent du respect des règles et de la préservation de la faune et de la flore. Ce ne sont pas des policiers, mais ils peuvent mettre des amendes, par exemple si quelqu'un n'a pas payé son parking, ou si quelqu'un promène son chien sur une plage où les animaux domestiques sont interdits.

LA CAPITALE DU QUEENSLAND

LEVER DU SOLEIL AU MONT COOT-THA

Pour avoir un aperçu global de la ville de **BRISBANE**, nous nous rendons sur le **MONT COOT-THA** au lever du soleil. De là, on voit très bien le centre avec ses hauts bâtiments et la rivière qui y serpente, puis, à l'horizon, la mer. On devine même **MORETON ISLAND**, que nous n'avons pas eu le temps de visiter. Ce pays est tellement grand, il faudrait y rester une vie entière pour tout découvrir !

Un café a été installé au sommet du mont, et il ouvre à 6 h 30 : nous en profitons pour prendre un bon petit-déjeuner avant d'aller arpenter les rues de la ville.

COMME UN AIR DE DÉJÀ-VU

Toutes les grandes villes en Australie se ressemblent. On y retrouve la même organisation : un centre avec de hautes tours et des chaînes de magasins, des quartiers d'habitations tout autour et la campagne ensuite. Alors, quand on arrive à Brisbane, j'ai l'impression de revenir dans un endroit connu ! Le truc cool, c'est le *City Hopper*, un bateau gratuit pour voir la ville depuis la rivière. Il suffit d'y monter à l'un des arrêts le long de la **BRISBANE RIVER** et de descendre ailleurs. C'est très pratique ! J'aime bien aussi les petites églises anciennes nichées entre les grands bâtiments modernes. Ici, le mélange de styles est surprenant.

QUEENSLAND'S MAIN CITY

BRISBANE / QLD

DAYS 48, 49 — JOURS 48, 49

VILLE OU PLAGE : POURQUOI CHOISIR ?

Un autre truc différent ici, et super bien d'ailleurs, ce sont les plages. Brisbane n'est pas au bord de l'océan. Mais on y trouve quand même des plages aménagées autour d'un lagon artificiel, à l'ombre des arbres, avec des jeux d'eau. Ça s'appelle **STREETS BEACH**, dans le quartier de **SOUTHBANK**. À cette saison, il n'y a pas grand monde, mais, en été, les gens de la ville peuvent profiter d'un moment de fraîcheur, sur du vrai sable.

L'ASIE À BRISBANE

Avant de quitter Brisbane, nous nous arrêtons pour manger à **SUNNYBANK**. C'est un quartier industriel et commercial principalement peuplé par des personnes d'origine asiatique. Pas étonnant que tous les restaurants du coin soient typiques : coréens, japonais, vietnamiens, chinois, thaïlandais... Trop de choix ! On se croirait dans un autre monde alors que, quelques minutes avant, nous étions bien au cœur de l'Australie, dans le centre de Brisbane.

Gare aux incivilités !

Ici, pas question de traverser en dehors des passages piétons. Tout le monde respecte la signalisation, et gare à celui qui ne le ferait pas ! L'amende peut coûter très cher. C'est pareil pour les déchets, avec des contraventions qui peuvent aller de quelques centaines jusqu'à plusieurs milliers de dollars selon les États et le type d'infraction commise !

PANNEAU DE SIGNALISATION
ROAD SIGN

15 LA VILLE DES PARCS

UN PEU DE FUN !

Le gros intérêt de la **GOLD COAST**, ce sont ses parcs à thème. Il y en a plein ! Il faudrait rester une semaine entière pour tous les tester. Il y a par exemple :
- le **Warner Bros Movie World** sur le thème du cinéma ;
- **Wet'n'Wild** avec plein d'attractions aquatiques ;
- **Dreamworld** avec des manèges à sensations de toutes sortes.

Ce qui est super, c'est que, quand on achète une entrée pour un parc, elle est valide pour plusieurs autres. Mais maman s'est trompée en prenant les billets, et a choisi un parc qui ne fait pas partie de ce programme. Tant pis, c'est super quand même ! Ça s'appelle **GC Aqua park**. C'est un parcours d'obstacles gonflables sur l'eau. Nous n'arrêtons pas de tomber, mais c'est tellement drôle !

A CITY FULL OF PARKS

GOLD COAST / QLD

DAYS 50, 51 | JOURS 50, 51

FAISONS LES ÉQUILIBRISTES !

L'eau est partout à Gold Coast : océan, bras de mer, canaux, lacs… C'est sûrement pour cette raison que le climat y est agréable même en été. Les plages océaniques sont toutes très fréquentées par les surfeurs, tandis que le bras de mer principal, **BROADWATER**, attire plutôt ceux qui veulent se promener en bateau, en kayak ou en jet-ski… Nous louons à nouveau un *stand-up paddle* pour aller y faire un tour. Lorsque nous sommes suffisamment loin de la plage et que l'eau est profonde, nous apercevons un aileron. Au secours ! Nous craignons que ce soit un requin, il paraît qu'ils sont nombreux par ici. Puis nous en voyons un autre, et encore un autre… Ouf ! Ce sont des dauphins ! Ils sont très curieux et viennent tourner autour du paddle pour voir s'ils peuvent jouer avec nous.

DAUPHINS
DOLPHIN

LA TOUR LA PLUS HAUTE D'AUSTRALIE

En fin de journée, nous montons au sommet de l'une des plus hautes tours d'Australie, la **Q1**. Elle mesure 323 mètres de haut, en comptant la structure métallique en pointe sur le toit. Au dernier étage se trouve un bar panoramique depuis lequel on a vue sur toute la ville et la côte. Les plus courageux peuvent monter sur la pointe du bâtiment. Comme pour le pont de Sydney, ils doivent mettre des équipements de sécurité pour entreprendre cette ascension vertigineuse et observer la ville de si haut. Nous nous contentons de commander une boisson et d'admirer la Gold Coast de là où on est. Tous ces canaux qui serpentent à travers la ville, c'est trop beau !

Pourquoi Gold Coast ?

Gold, ça veut dire « or » en anglais. Mais il n'y a pas de mines d'or par ici. La ville ne porte ce nom que depuis les années 50. À la fin de la Seconde Guerre mondiale, des agences immobilières ont fait la promotion de cette ville. Alors qu'elle s'appelait South Coast, ils l'ont rebaptisée Gold Coast dans les journaux pour attirer les gens. Le gouvernement a bien aimé, et il a alors officiellement gardé ce nom.

16 DE HIPPIE À BRANCHÉ

UNE STATION BALNÉAIRE TRÈS PRISÉE

Nous voici de retour dans la Nouvelle-Galles du sud (New South Wales), l'État de Sydney ! Avant de ramener Bobby, nous nous arrêtons à **BYRON BAY**, la ville la plus connue du nord de cet État. Dans les années 70, le lieu était principalement habité par des hippies.

Puis le développement du tourisme a ramené d'autres types de personnes. Beaucoup de *backpackers* s'arrêtent ici car l'ambiance y est très jeune et festive. Les Australiens aiment venir y passer leurs vacances pour son côté reposant. Des célébrités australiennes et américaines sont aussi installées dans les environs. Leurs maisons ne passent pas inaperçues !

la touche de générosité

En Australie, presque tout le monde participe à des activités ou fait des donations pour des organismes de bienfaisance (**charities**). En fait, c'est mal vu de ne pas le faire. Même ma cousine Lucie joue le jeu. C'est très facile ! Elle a rassemblé dans un grand sac des vêtements et des objets qui sont encore en très bon état, mais qu'elle n'utilise plus, pour les donner. Lorsque nous repassons chez elle avant de finir notre périple australien, elle me propose d'y glisser aussi les quelques affaires qui ne me serviront plus. Ensuite, nous amenons ensemble ce sac à l'un des organismes chargés de la collecte et de la revente. **Vinnies**, **Lifeline**, **Red Cross** sont parmi les plus connus. On peut aussi participer à une course à pied, par exemple, et une partie de l'argent de l'inscription va alors à une de ces charities.

FROM HIPPIE TO FANCY

BYRON BAY / NSW

DAYS 52 TO 55   JOURS 52 À 55

AU BOUT DU BOUT !

Un des centres d'intérêt de Byron Bay, c'est **CAPE BYRON**, le point le plus à l'est de l'Australie continentale. Il est situé dans un parc où se trouve aussi un phare. De là-haut, la vue est magnifique. L'eau est tellement claire que l'on aperçoit des raies et des tortues. La promenade dans le parc est très agréable, c'est ombragé. Tout en bas, en revenant vers la ville, on arrive sur la **PLAGE DE WATEGOS**. Des groupes d'amis et des familles sont en train de pique-niquer, nager dans l'eau claire, ou simplement profiter d'un moment tranquille. Au loin, on aperçoit des gens en kayak à côté de dauphins ! C'est super ! On a vraiment l'impression d'être en plein été !

RETOUR À LA CASE DÉPART

Il est temps pour nous de ramener Bobby à Sydney. Il reste encore huit heures de route jusqu'à l'agence de location. En chemin, nous regardons les paysages par la fenêtre. Nous en avons vu une sacrée variété pendant ce séjour ! Même si ce périple en van se termine, notre voyage en Australie n'est pas tout à fait fini….

L'ANGLAIS D'AUSTRALIE

♡ Un accent de cow-boy !

Avant d'aller en Australie, je me débrouillais plutôt bien en anglais après quatre années d'apprentissage à l'école. Mais, en arrivant ici, j'ai eu l'impression de ne plus rien savoir ! C'est parce que l'accent est très différent de celui des Anglais et des Américains. Il semble que les Australiens articulent beaucoup moins, et ce n'est alors pas toujours facile de distinguer les mots les uns des autres. Plus on s'écarte des grandes villes, pire c'est ! Quand on s'arrêtait avec Bobby dans des petits villages en pleine campagne pour faire le plein, je ne comprenais rien du tout à ce que disaient les gens ! Une dame nous a expliqué que, si les Australiens parlent ainsi, c'est pour éviter que les mouches n'entrent dans leur bouche ! Je ne sais pas si c'est vrai, mais l'explication est rigolote.

♡ Un vocabulaire différent

Certains mots sont différents entre l'anglais d'Angleterre, l'anglais américain et l'anglais que je découvre ici. Mais, heureusement, les Australiens sont habitués, et, en général, ils comprennent si on utilise un autre mot. Par exemple, quand nous sommes arrivés à l'aéroport et que nous avons demandé quel train prendre pour aller en ville, nous avons utilisé le mot « downtown » pour désigner le centre. Mais ici, c'est CBD.

AFULLTANKOFGAS?*

*A full tank of gas ?

AUSTRALIAN ENGLISH

♥ Petit cours d'australien

La particularité locale, c'est de raccourcir les mots.
Du coup, c'est bien d'en connaître quelques-uns avant de venir, sinon on est perdus !

Anglais britannique	Australien	Français
mosquitoes	mozzies	moustiques
afternoon	arvo	après-midi
barbecue	barbie	barbecue
breakfast	brekkie	petit-déjeuner
sunglasses	sunnies	lunettes de soleil
kangaroo	roo	kangourou
Christmas	Chrissy	Noël

♥ Quelques phrases utiles…

Voici quelques phrases courantes que les Australiens disent et qui m'ont beaucoup servi pendant ce séjour :

Anglais	Français
How u doing mate?	Comment ça va, mon pote ?
What are you up to today?	Que vas-tu faire de beau aujourd'hui ?
How can I help you today?	Comment puis-je vous aider aujourd'hui ?
You're welcome, mate!	De rien, mon ami !
How long have you been in Australia for?	Depuis combien de temps es-tu en Australie ?
Say that again?	Comment ? *(La personne n'a pas compris)*
What are you after?	Qu'est-ce que tu cherches ?

17 ESCALE SUR LA CÔTE OUEST

BIENVENUE DANS L'OUEST !

Et voilà ! Nous quittons Sydney. Nous prenons un avion, mais pas encore pour la France. On s'arrête d'abord à **PERTH**, dans l'État d'Australie occidentale (**WESTERN AUSTRALIA**). C'est la capitale de cet État et la seule grande ville de cette grosse moitié d'Australie. Elle est deux fois plus petite que Sydney. Ici, nous nous trouvons au bord de l'océan Indien, qui longe toute la côte ouest du pays.

FREMANTLE

Nous ne restons pas longtemps dans le centre de Perth. Nous sommes venus ici pour une raison bien particulière : découvrir **ROTTNEST ISLAND**. Pour cela, il faut aller à **FREMANTLE** pour prendre le bateau. En attendant le départ, nous nous promenons dans le centre de ce quartier. On peut visiter la prison (**FREMANTLE PRISON**), qui n'est plus utilisée en tant que telle depuis 1984. Le reste du village est très mignon. Les façades des bâtiments font encore penser aux films de cow-boys, comme à Coober Pedy.

STOP OVER ON THE WEST COAST

ROTTNEST ISLAND / WA

DAYS 56 TO 60 — JOURS 56 À 60

MA PLUS BELLE RENCONTRE

Je voulais absolument aller à Rottnest Island car j'ai vu sur Instagram des gars qui faisaient des selfies avec des petits animaux qu'on ne trouve que là : les quokkas. Ce sont des marsupiaux, comme le koala et le kangourou. Ils sont trop mignons, on dirait qu'ils sourient tout le temps ! Ils sont très curieux, surtout lorsqu'on pèle un fruit ! Quatre d'entre eux ont grimpé sur moi lorsque je mangeais ma banane, en espérant que je leur donne un bout ! J'en profite pour réaliser un de mes rêves : avoir mon propre selfie avec un de ces animaux. Je ne pouvais pas terminer ce séjour sur une meilleure note !

Les échanges scolaires

Un des meilleurs moyens d'apprendre une langue et de se familiariser avec une culture, c'est de vivre dans le pays. Les adolescents comme moi peuvent faire des échanges scolaires : ils vont vivre dans une famille australienne pendant plusieurs mois, puis un jeune Australien s'installe chez eux. Si je le faisais, je pourrais passer plus de temps au collège où Lucie ira l'an prochain et vraiment vivre comme un Australien !

Entretenir mon anglais

Ce voyage m'a donné envie d'approfondir mon anglais. En plus des cours au collège, je vais maintenant regarder les films en version originale. Je laisserai les sous-titres au début, le temps de m'habituer. Mais, au moins, je continuerai à entendre la langue régulièrement. Je vais aussi utiliser une méthode pour me perfectionner. On m'a parlé de celles des éditions Assimil…

RETOUR EN FRANCE !

Il est temps de retourner à la maison. C'est passé trop vite ! D'un autre côté, j'ai l'impression d'être là depuis très longtemps, tellement on a vu de trucs différents. On commence à avoir nos habitudes et nos repères. J'ai plein de choses à raconter à mes copains en France et énormément de photos à leur montrer ! Je suis triste de partir, mais une chose est sûre : je reviendrai !

AU REVOIR !
GOODBYE!